Début d'une série de documents en couleur

COUVERTURES SUPERIEURE ET INFERIEURE D'IMPRIMEUR

BY²
17 796

Les Souffrances du
Professeur Delteil
par
Champfleury

Fin d'une série de documents en couleur

LES SOUFFRANCES

DU

PROFESSEUR DELTEIL

LIBRAIRIE DE E. DENTU, ÉDITEUR

DU MÊME AUTEUR

LE SECRET DE M. LADUREAU, 2ᵉ édit. 1 vol. gr. in-18	3 fr.
LA PETITE ROSE, 1 vol. gr. in-18	3 fr.
SURTOUT N'OUBLIE PAS TON PARAPLUIE, 1 vol	3 fr.
FANNY MINORET, 2ᵉ édit. 1 vol.	3 fr.
L'HOTEL DES COMMISSAIRES PRISEURS, 1 vol. gr. in-18	3 fr.
L'AVOCAT TROUBLE-MÉNAGE, 2ᵉ édit 1 vol gr. in-18	3 fr.
SOUVENIRS ET PORTRAITS DE JEUNESSE, 1 vol. gr. in-18.	3 fr. 50
LES AVENTURES DE Mˡˡᵉ MARIETTE, 1 vol.	1 fr.
L'USURIER BLAISOT. 1 vol.	1 fr.
LES BOURGEOIS DE MOLINCHARD, 1 vol	1 fr.
LA PASQUETTE, 1 vol	1 fr.
MONSIEUR DE BOISDHIVER, 1 vol	1 fr.
HISTOIRE DE LA CARICATURE ANTIQUE, par CHAMPFLEURY, 3ᵉ édit augmentée. 1 vol. illustré de 106 gravures et d'un frontispice en couleur	5 fr.
HISTOIRE DE LA CARICATURE AU MOYEN AGE ET SOUS LA RENAISSANCE, par CHAMPFLEURY, 2ᵉ édit très augmentée. 1 vol. gr. in-18 jésus, illustré de 144 gravures et d'un frontispice en couleur.	5 fr.
HISTOIRE DE LA CARICATURE SOUS LA RÉFORME, LA LIGUE, 1 vol. gr. in-18 jésus, illustré de 90 gravures	5 fr.
HISTOIRE DE LA CARICATURE SOUS LA RÉPUBLIQUE, L'EMPIRE ET LA RESTAURATION, par CHAMPFLEURY, 2ᵉ édit 1 vol. gr. in-18 jésus, illustré de nombreuses gravures et d'un frontispice en couleur	5 fr.
HISTOIRE DE LA CARICATURE MODERNE, par CHAMPFLEURY, 2ᵉ édit. 1 vol. illustré de 117 gravures et d'un frontispice en couleur	5 fr.
HISTOIRE DES FAIENCES PATRIOTIQUES SOUS LA RÉVOLUTION, par CHAMPFLEURY, 3ᵉ édition. 1 vol gr. in-18 jésus, avec 100 gravures et marques nouvelles.	5 fr.
Il a été tiré un très petit nombre d'exemplaires sur papier vergé de Hollande	10 fr.
HISTOIRE DE L'IMAGERIE POPULAIRE, par CHAMPFLEURY, 1 vol. gr in-18 orné de nombreuses gravures	5 fr.
HENRY MONNIER, SA VIE, SON ŒUVRE, par CHAMPFLEURY, avec un catalogue complet de l'œuvre et 100 gravures fac-similé, 1 vol. in-8	10 fr.

LES SOUFFRANCES

DU

PROFESSEUR DELTEIL

PAR

CHAMPFLEURY

PARIS

E. DENTU, ÉDITEUR

3, PLACE DE VALOIS, PALAIS-ROYAL

—

1896

Droits de traduction et de reproduction réservés

LES SOUFFRANCES

DU PROFESSEUR DELTEIL

I

Vue de Laon d'après nature. — Réformes singulières apportées par la Révolution de juillet dans l'Université — L'oreille du petit Bineau plonge un établissement dans la détresse.

Laon est une petite ville de six mille âmes qu'un rien agite. Le moindre événement, les comédiens qui viennent y passer un mois, un cirque, des marionnettes occupent démesurément les esprits de ce maigre chef-lieu, qui doit sans doute à sa position élevée l'honneur de primer les autres villes plus importantes du même département. Bâtie sur le plateau d'une haute montagne, si la ville défie un siège redoutable, elle défie les voitures d'arriver dans ses murs : d'où le manque d'augmentation d'une population, qui ne saurait y appliquer son industrie ; aussi les fonctionnaires sont-ils les personnes notables qui tiennent le haut du pavé et commandent l'admiration. Enlevez de Laon le préfet, le receveur général, le directeur des contributions, six notaires, autant d'avoués, une demi-douzaine d'avocats, le curé, quelques nobles qu'on rencontre rarement, et vous trouverez une population de petits marchands, cinquante employés à quinze cents francs, deux cents bourgeois à deux mille francs de rente, enfin une population tranquille dans ses habitudes, sobre dans ses plaisirs, ne pratiquant ni vices ni vertus.

A dix heures les cafés sont fermés, et l'audacieux qu'on rencontre dans les rues passé cette heure risque d'être signalé comme un homme de mauvaises mœurs. L'étranger qui s'arrête à Laon se sent pris d'un violent ennui après qu'il a traversé en moins d'un quart d'heure, dans toute sa longueur, la grande rue qui coupe la ville en deux. On recommande naturellement aux curieux « d'aller sur les promenades » qui entourent les vieilles murailles de la ville. Le pays est beau, la campagne riche, la vue étendue ; ce ne sont à l'horizon que vertes prairies, blonds champs de blés et jardinages plantureux ; et pourtant on se sent comme enchaîné sur cette montagne. Un homme d'intelligence, à moins d'une force puissante, s'y éteindrait en moins d'un an, à cause du manque de frottement et des duels inévitables d'une telle vie, qui ne peut être défendue qu'avec une épingle pour arme.

Cependant, en 1830, Laon parut sortir de ses habitudes bourgeoises, et le réveil lui vint d'une maison morne jusque-là, qui portait sur sa façade le mot *Collegium* en gros caractères noirs.

Il était arrivé dans la ville un homme, plein de saluts superbes, le sourire sur les lèvres, qui, traversant les rues d'un air magistral, semblait dire : La cité m'appartient !

M. Tassin, nommé principal du collège communal, fut plaint par les rentiers, dont l'unique occupation est d'errer par les promenades, et qui jusqu'alors n'avaient trouvé qu'une médiocre distraction à rencontrer, les dimanches et les jeudis, quatorze élèves formant tout le personnel du collège. Les quatorze élèves se divisaient en douze externes et deux pensionnaires. Malgré sa bonne volonté, le précédent principal aurait pu supprimer toute espèce de nourriture à ces deux uniques pensionnaires, qu'il n'en serait pas moins parti de la ville criblé de dettes. Les habitudes de la Restauration poussaient les bourgeois à envoyer leur fils au séminaire; alors la jeunesse passait par les mains des prêtres du petit séminaire de Notre-Dame-de-Liesse. Les douze externes et les deux pensionnaires appartenaient à des parents d'opinions avancées, libéraux et admirateurs du général Foy.

Les fortes têtes du pays, qui recevaient le *Journal de l'Aisne*, alors petite feuille d'annonces, et qui lurent aux *Nouvelles locales* la nomination de M. Tassin comme principal du collège, se dirent que le nouvel arrivé ne serait pas huit jours à Laon qu'il perdrait son suprême contentement.

Cependant les maçons et les peintres de la ville étaient mandés au collège pour élever des constructions nouvelles et approprier les anciennes. Laon s'émut d'une telle audace, car les bâtiments consacrés aux études étaient déjà trop vastes pour les quatorze élèves. M. Tassin, pour ne pas laisser plus longtemps les provinciaux dans l'ignorance, lança un prospectus de deux petites pages, grosses d'événements : ce qui frappa le plus dans le prospectus fut l'article relatif à l'uniforme des élèves. Les pensionnaires devaient porter constamment l'uniforme, en classe et en promenade ; petite tenue dans la semaine, grande tenue les jours de sortie. Les externes étaient également obligés d'endosser l'uniforme les jours de promenade.

Un coup d'Etat pour une ville si tranquille ! Les uns blâmaient, les autres approuvaient ; et on se doute de la révolution que causa le prospectus de M. Tassin.

Au bout de trois mois, le principal sortit à la tête de quinze pensionnaires en frac à collet bleu de ciel : le beffroi qui annonce l'incendie ne provoque pas plus de stupeur que le tambour de la garde nationale à la tête des collégiens, les menant bravement au bas de la montagne.

M. Tassin rayonnait ; le contentement était tapi dans chacun des trous de petite vérole de sa figure. Il avait quelque chose de l'orgueil du général qui a remporté une grande victoire, se tenait cambré dans son habit noir, la tête haute dans sa cravate blanche empesée, et marchait au pas avec l'attitude d'un triomphateur. Les quinze pensionnaires tenaient certainement dans l'imagination du principal autant de place qu'un bataillon complet.

M. Tassin sortit du collège par une promenade qui s'appelle la Plaine, faisant un détour calculé pour traverser la ville tout entière. Les polissons qui baguenaudent d'habitude sur les remparts marchèrent naturellement à la suite du tambour. L'effet de cette exhibition ne sembla pas d'abord instantané, car les rentiers de la rue du Cloître cachent leur curiosité ; cependant certains rideaux, tirés aux coins de quelques fenêtres, montrèrent à M. Tassin qu'il était remarqué. Pour ce public mystérieux, le principal ne déploya pas moins d'activité, marchant en avant du tambour, ou sur le flanc de son régiment, de là passant à l'arrière-garde et faisant sonner ses bottes sur les pavés, pour accentuer le pas et le bien faire comprendre à ses élèves.

A la place du Marché-aux-Herbes, les marchands sortirent de leurs comptoirs, regardant le défilé avec stupéfaction. La meilleure pratique n'eût pas réussi à se faire servir une once de café pendant le passage des collégiens sur la place.

Des rues transversales s'élançaient nombre de personnes que le bruit du tambour chassait de leur travail. La rue Châtelaine fut bientôt remplie de curieux qui stationnaient sur le pas des portes, suivaient les collégiens ou couraient en avant annoncer la grande nouvelle à leurs concitoyens. Aussi la place du Bourg offrait-elle le spectacle d'une foule compacte avant qu'on n'entendit le bruit du tambour, et l'admiration fut unanime pendant le trajet de la rue Saint-Jean.

Cette promenade militaire eut un succès que l'auteur lui-même n'avait osé espérer. Au bout de quinze jours, vingt-cinq bourgeois se décidèrent à mettre leurs fils en uniforme, quoique la dépense fût énorme. Il n'était plus permis, comme jadis, de décrocher de l'armoire les vieux pantalons et les vieilles redingotes pour en faire des habits neufs aux élèves ; même on vit de modestes employés se montrer empressés auprès des tailleurs de la ville pour hâter la confection de l'habillement de leurs enfants.

La fameuse promenade militaire envoya le son du tambour à cinq lieues de là, dans les riches fermes des alentours. Le nombre des cultivateurs qui mirent en pension leurs fils chez M. Tassin fut assez considérable pour qu'à la fin de l'année le principal pût additionner combien lui avaient rapporté trente-sept pensionnaires ; et dès lors la prodigieuse habileté de M. Tassin passa en proverbe chez les bourgeois de Laon, qui ne se rendaient pas compte du mouvement nouveau que la révolution de Juillet venait d'imprimer à l'instruction. Avec dix fois plus d'efforts, le principal n'eût par ramassé dix pensionnaires sous la Restauration.

A quelques pas du collège se trouve l'école primaire de M. Tanton, qui souffrit considérablement de cette concurrence. Le fameux prospectus, l'uniforme, surtout le tambour, ruinèrent M. Tanton dans l'esprit de ses concitoyens. Sa manière d'enseigner prit la proportion de crimes violents. La fameuse latte dont il se servait pour corriger les élèves paresseux fut opposée au tambour qui mettait aussitôt les collégiens au pas.

Comment M. Tanton pouvait-il lutter avec M. Tassin ? M. Tanton avait la réputation d'une « belle main », qui produisait une écriture moulée sans égale ; mais la belle prestance du principal et son suprême contentement lui manquaient absolument. Ce Tanton à la mine brutale était précédé d'un ventre énorme, que ne dissimulait pas une vieille houppelande noire, aussi grasse que les cheveux de son propriétaire. Des manches de la houppelande sortaient des mains singulières pour un sectateur de la calligraphie, deux mains mal venues et arrêtées dans leur développement, formant deux moignons où seul le pouce avait figure de doigt. Pourtant, quand la plume était saisie par ce pouce, elle lui obéissait comme à un dictateur, et exécutait mille traits capricieux qui tenaient du prodige.

M. Tanton avait une certaine difficulté à saisir les objets autres que sa plume ; mais quand il les tenait, il les tenait bien, témoin l'oreille d'un certain petit Bineau, qui faillit un moment abandonner à jamais son propriétaire.

Cette oreille joua un mauvais tour à M. Tanton, trop partisan des anciennes méthodes d'enseignement.

Le petit Bineau, fils de M. Bineau, chef de bureau à la préfecture, exagéra nécessairement les traitements dont il avait été victime. Châtié pour avoir été surpris introduisant dans les quinquets ce que M. Tanton appelait un « liquide malséant », l'enfant ne voulut pas avouer son crime, se sauva de la pension en poussant d'effroyables cris, et fut reçu comme un martyr par madame Bineau, qui quitta son ménage pour informer son mari des violences du maître de pension ; le chef de bureau laissa sa correspondance aussitôt et se rendit chez M. Tanton.

Le maître d'écriture en ce moment était de mauvaise humeur, agacé par les roulements de tambour des collégiens, qui duraient depuis une heure sur les remparts, derrière sa maison ; il avait surpris en outre deux de ses anciens élèves plongés dans la plus profonde étude de la caisse, sous la direction du tambour de la garde nationale attaché au collège, élèves que M. Tassin avait débauchés de la pension Tanton en leur donnant un uniforme.

— Qui vous a permis de mutiler ainsi mon fils? s'écria M. Bineau en apercevant le maître de pension.

— Eh ! monsieur, savez-vous ce qu'il a fait ? demanda M. Tanton.

— Est-il une faute qui puisse mériter un pareil traitement ?

— On ne peut même pas répéter ce qu'il a introduit dans mes quinquets... Un enfant capable de pareils tours doit être corrigé sévèrement.

— Vous n'en avez pas le droit dit M. Bineau ; si vous voyiez sa mère en larmes, vous rougiriez de votre brutalité.

— Les mères n'ont rien à voir dans les écoles, dit M. Tanton ; j'en ai connu qui pleuraient avec leurs fils pour quelques petits coups de palette que je leur avais donnés sur les ongles : les enfants allaient se plaindre de leur professeur ; elles croyaient d'abord leurs mensonges ; et celles qui étaient le plus acharnées contre moi en ramenant leurs garçons, les fouettaient en ma présence quand je leur avais dit la vérité.

— On n'enseigne pas avec des coups, reprit M. Bineau... Mon fils ne sait rien ; que lui avez-vous appris ?

— Est-ce ma faute ? dit le professeur d'écriture! Votre garçon passe son temps à mettre mon école à l'envers ; jamais on n'a vu un enragé pareil...

— Oh ! s'écria M. Bineau, mon fils, la douceur même !

— Il faut qu'il soit un hypocrite fieffé chez vous, dit M. Tanton.

— Pourquoi abrutir un enfant par des coups quand on peut le prendre par la douceur ?

— Je voudrais que vous le surpreniez introduisant dans votre lampe les mêmes horreurs que dans mes quinquets.

— Monsieur, mon fils est trop bien élevé pour commettre de pareilles sottises. Il tient de moi, et vous pensez si je lui ai appris de semblables choses. Qu'un mauvais garnement, et il n'en manque pas dans votre pension, se livre à de telles monstruosités, c'est possible, les enfants de gens sans éducation ne respectent rien, mais mon fils ! C'est m'insulter moi-même que de supposer qu'il se soit rendu coupable de ce dont vous l'accusez. Il n'apprend rien, dites-vous, et je vous citerai des preuves du contraire : je le vois à la maison prendre ses leçons de musique ; son professeur est émerveillé de sa facilité ; il me disait hier encore que mon fils est capable d'entrer au Conservatoire. Jamais la plus légère correction ne lui a été administrée; il n'est pas besoin, pour éveiller son intelligence, de lui dire un mot plus haut que l'autre.

— D'après ce que je vois, reprit M. Tanton, ce n'est pas le même Bineau qui vient à la maisno;

celui que vous avez confié à mes soins est un garnement qui ferait damner un saint. Savez-vous, monsieur, ce qu'il a fait, il y a huit jours, en compagnie de son ami Canivet, un autre mauvais drôle ? Ils ont pris en grippe mon fils Charles, qui est doux comme un mouton. Leurs jeux ne se passent pas sans qu'ils le battent et le maltraitent. La semaine passée, mon fils Charles va pour se coucher dans son lit, qui est auprès de la cuisine. Plus de lit, monsieur Bineau ! Entendez-vous bien ? Ni matelas, ni traversin, ni oreiller, ni couvertures, ni paillasse ! J'entends crier : — Maman, mon lit ! je ne trouve plus mon lit ! — C'était mon fils qui se désolait de la disparition de son lit : cela se comprend, les enfants aiment à dormir. Un pareil fait tenait du prodige. Madame Tanton croyait à de la sorcellerie ; moi, plus rationnellement, à des voleurs. Cependant, il était impossible que quelqu'un eût emporté de la maison un lit complet, sans être aperçu. J'entrai au réfectoire, où mes pensionnaires soupaient. — Messieurs, dis-je, le lit de Charles a disparu subitement. — Mes élèves se mirent tous à rire. Cette hilarité me donna l'idée qu'un complot existait, et que les coupables étaient nombreux. — Je vous avertis, dis-je avec fermeté, que celui qui aura encore une fois l'insolence de ricaner quand je parle, me conjuguera cinq cents fois le verbe *j'aime à rire*. — Mes élèves ayant recouvré la tranquillité, je leur demandai si un étranger n'avait pas été aperçu dans la pension. Ils répondirent qu'ils n'avaient rien vu. Je leur donnai une heure, après le souper, pour retrouver le lit, qui ne pouvait être perdu. M. Bineau, le lit complet était au grenier. C'était votre fils, aidé de Canivet, qui l'y avait porté !

— Et vous croyez que je peux ajouter foi à de tels récits ? s'écria M. Bineau... Mon fils est délicat ; même aidé par son ami Canivet, jamais il n'aurait pu porter un seul matelas au grenier.

— Voilà bien ce qui m'étonne, fit M. Tanton ! Ces deux êtres-là, monsieur, votre fils et Canivet, n'ont pas plus d'apparence qu'une allumette ; quand ils sont dans leurs farces, ils soulèveraient des montagnes. On ne rencontre pas souvent de pareils sujets, Dieu merci !

— Je me demande, dit M. Bineau, comment la découverte du lit dans le grenier a pu faire accuser mon fils et son petit camarade Canivet ?

— J'ai mis le lendemain tous mes élèves aux arrêts jusqu'à ce que le coupable fût découvert ; les innocents se sont aussitôt disculpés.

— Mon fils est si bon, reprit le chef de bureau, qu'il aura voulu tout assumer sur sa tête.

— Malheureusement, la cuisinière l'avait vu fureter dans la cuisine, préparant ses combinaisons. Je n'ai pas voulu vous tracasser de ce mauvais tour ; mais, quant à l'aventure du quinquet il était impossible de laisser passer cet attentat sans châtiment, car c'est un attentat.

— Soyez tranquille, monsieur Tanton, cela n'arrivera plus désormais.

— A la bonne heure, dit le maître d'écriture ; vous avez parlé fermement M. Bineau ?

— Je ne lui ai rien dit, mais certainement de pareils faits ne se renouvelleront plus dans votre école. Mon fils entre demain au collège

— Au collège ! s'écria M. Tanton.

— Au collège, c'est irrévocable.

— Eh bien, dit le maître de pension, tant qu'on ne m'enlèvera que des élèves comme M. Bineau, fils, je ne me plaindrai pas.

— Vous avez donc des enfants plus intelligents

dont vous puissiez vous honorer ? demanda M. Bineau piqué.

— Je fais l'éducation, dit M. Tanton, d'enfants de pauvres gens du faubourg, qui valent mieux que certains fils de famille.

— Gardez avec soin vos faubouriens, monsieur, car je vous assure que les bonnes familles laonnoises ne laisseront pas longtemps leurs enfants étudier l'écriture sous votre direction.

— Vous n'avez pas dans vos bureaux un de vos employés qui n'ait passé par mes mains, s'écria M. Tanton. Et puisque vous me forcez à tout dire, je plains les parents de M. Bineau fils. Il a l'intelligence du mal et le raisonne ; sans cesse il combine quelque mauvais tour. Vous vous souviendrez, peut-être quand il ne sera plus temps, monsieur, de ce que je vous dis aujourd'hui.

Cet entretien, qui blessa profondément M. Bineau, coûta sept externes à M. Tanton. M. Canivet, juge d'instruction, prit le parti du chef de bureau et envoya son fils au collège, afin de ne pas le séparer de son camarade ; le sous-chef, un expéditionnaire et le garçon de bureau de

M. Bineau, crurent prudent d'imiter la conduite de leur supérieur.

Pendant les deux mois de vacances, M. Bineau travailla avec acharnement contre l'école Tanton. Il représentait le professeur d'écriture faisant valoir les gens du peuple au préjudice des bourgeois et favorisant particulièrement les faubouriens, ce qui, disait-il, était une preuve de la bassesse des sentiments du maître de pension.

De son côté, M. Tassin ne se laissait pas endormir par le succès : chaque jour amenait une amélioration dans le collège.

Deux boursiers, après avoir suivi pendant un mois l'école des tambours, acquirent une prodigieuse exécution sur la peau d'âne : ils battaient le pas redoublé comme de véritables tambours de régiment, et remplissaient les rues du voisinage de *rra* et de *fla* sans fin.

Pendant ces vacances, les quelques amateurs de musique de la ville reçurent la visite d'un vieillard, encore vert, qui se présentait comme ancien chef d'orchestre du Cirque-Olympique : mandé au collège pour y donner des leçons, il se regardait comme trop heureux, disait-il, de se mettre au service des dilettantes qui voudraient

2

bien l'admettre dans leurs réunions. Ce professeur, qui se nommait Ducrocq, arrivait à point ; la dernière société philharmonique de Laon venait de se dissoudre pour la vingtième fois.

On n'eut jamais d'exemple dans la ville d'une société de musique durant plus d'une année. La petite quantité d'instrumentistes, leur immense amour-propre, leur déplorable faiblesse, en faisaient des êtres insupportables.

Le maître de musique le plus sérieux du pays oubliait habituellement, dans les charmes d'une partie de billard, ses élèves qui l'attendaient ; un autre, le professeur du petit Bineau, était cité pour son extrême indulgence envers les élèves ; il applaudissait à chaque note fausse qu'ils faisaient. Le troisième maître de musique, âgé de soixante-dix-sept ans, sommeillait sans cesse, et, par une faculté inexplicable, jouait sa partie d'alto dans les quintettes, habituellement plongé dans un demi-sommeil.

Les épais sourcils de M. Ducrocq, une certaine tournure militaire qu'il avait gardée de son passage au Cirque-Olympique, parurent aux amateurs de la ville les présages heureux d'un Jupiter qui allait enfin gouverner comme il convenait des musiciens ingouvernables. Sa physionomie, sa parole brève, imposèrent par un mélange de bonhomie et d'autorité, et le bénéfice de cette trouvaille revint à l'habile principal du collège.

Aussitôt la rentrée des élèves, fut instituée une sonnerie mélangée de trompettes de cavalerie et de cornets de postillon. Le petit Bineau entra dans la fanfare en qualité de corniste ; et quand la sonnerie fut renforcée d'un ophicléide, dans lequel s'époumonait un maigre professeur du collège, la musique de la garde nationale n'eut plus qu'à se voiler la face de honte.

En deux mois, avec douze bambins soufflant dans des trompettes et des cornets de postillon, M. Ducrocq avait réussi à étouffer les cymbales, les chapeaux chinois et la grosse caisse de la musique des gardes nationaux.

Cela fut remarqué à une revue officielle, à la suite de laquelle M. Tassin et les collégiens défilèrent à la suite des pompiers ; mais l'enthousiasme fut au comble quand apparurent les grands chapeaux à cornes dont étaient coiffés les collégiens, depuis les élèves de rhétorique jusqu'aux élèves de huitième. Ces chapeaux à cornes, exécutés dans le plus grand mystère par le chapepelier Vinson, obtinrent les honneurs de la revue.

Les collégiens, d'après les instructions du principal, portaient les chapeaux non pas *en bataille*, à la façon des gendarmes qui n'ont aucune partie de la figure garantie par des cornes inutiles ; plus ingénieux, M. Tassin s'était inspiré de la forme des claques des élégants du Directoire et les avait naturellement agrandis pour qu'une des pointes portât ombre sur le nez de ses élèves et leur communiquât quelque chose de martial.

Le commandant de la garde nationale et le préfet complimentèrent M. Tassin sur l'excellente tenue de ses élèves et la majesté de leurs chapeaux à cornes. Aussi le principal ne put-il cacher sa joie ; il marchait devant ses tambours, n'ayant pas de plumet, mais peut-être plus fier encore, marquant la mesure de ses bras, et faisant les mille momeries qui semblaient jusqu'alors ne pouvoir être exécutées que par la haute canne à tête d'argent.

Le résultat de cette parade fut que M. Tassin obtint l'autorisation de se servir de vieux mousquetons qui se rouillaient dans les caves de la mairie, et d'en armer une vingtaine des élèves les plus grands.

Le service militaire tint dès lors une place considérable dans le système universitaire de M. Tassin ; c'étaient à tout instant des exercices au mousquet, commandés par un vétéran, de nouveaux tambours qu'on dressait, des sonneries de fanfares sans fin. Le collège, qui est situé aux environs des ruines d'une citadelle depuis longtemps abandonnée, put faire croire à une ville de guerre remplie de troupes.

II

Essai sur l'alimentation la plus favorable à la santé des vers à soie — Les séminaires et les collèges sont-ils véritablement utiles à la fabrication de la soie et ne causent-ils pas de dommages aux manufactures spéciales ?

Le petit Bineau, à son entrée au collège, eut pour camarades dans la classe de huitième, outre son intime ami Canivet, Larmuzeaux, fils d'un fermier des environs, Dodin, fils d'une couturière de Laon et trois autres garnements qui s'appelaient Lagache, Robert et Cucquigny. A eux sept, ils formèrent un groupe dans lequel chacun des péchés capitaux était représenté.

Dodin était spécialement chargé de s'introduire .

chez les pâtissiers de la ville et de bourrer ses poches de gâteaux, pendant que le marchand était occupé à répondre à ses camarades qui touchaient à toutes les pâtisseries. Dodin découvrait aussi les meilleurs enclos, les jardinages les plus éloignés, les champs les mieux fournis, les pommiers les plus sucrés ; après quoi la bande, sous sa direction, s'abattait sur un endroit et laissait des traces de son passage non moins terribles que si une bande de Cosaques y eût fourragé. Pommes, poires, noix, œufs, œillettes, artichauts, prunes, pêches et raisins, étaient étalés sur un mouchoir dans une des grottes de la montagne, et fournissaient à la bande un repas qui semblait approuvé du ciel, car aucun des maraudeurs ne se plaignit jamais d'indigestion.

Larmuzeaux, né près de Coucy, semblait avoir été créé pour divertir ses compagnons. Sa physionomie consistait en un nez d'une envergure considérable, d'excessifs petits yeux troués en vrille et deux larges oreilles, plates comme une feuille de papier, qui donnaient envie à chacun de les tirer. Ces pâles oreilles, la nature paresseuse avait oublié de les ourler, et certainement un employé méticuleux n'eût pas manqué de les inscrire sur un passeport à l'article « signes particuliers. »

Cuoquigny devint le peintre de fresques du collège. Il regardait un mur blanc comme une toile expressément préparée pour lui, et le couvrait aussitôt de mille improvisations fantasques.

Canivet était un constructeur et ne pouvait se passer de Bineau le destructeur.

Lagache avait le génie de la serrurerie, et en profitait pour sonder les mystères des pupitres du collège ; il était industriel et industrieux. Le collège de Laon lui dut l'introduction des vers à soie ; cependant aucun souvenir commémoratif ne témoigne aujourd'hui qu'il fut importateur d'animaux si utiles.

Lui et Bineau se lancèrent avec acharnement dans l'élevage des vers à soie. Quand Lagache apporta à son cousin une feuille de papier sur laquelle de petits œufs étaient attachés, Bineau ne prêta pas d'abord grande attention à ce cadeau.

— Surtout garde-les bien, dit Lagache, qui avait le génie commercial.

Effectivement, à la belle saison, Bineau fut surpris, en ouvrant par hasard la boîte qui renfermait les œufs, de voir de petits vers s'agiter et dresser la tête.

— Ne manque pas de demander à ta mère les feuilles de chou les plus tendres, dit Lagache, qui, étant demi-pensionnaire, ne pouvait sortir du collège avec la facilité de son cousin. Tu prendras les feuilles près du cœur ; nous serons bien heureux si le chou ne donne pas la colique aux vers à soie. Il nous faudrait du mûrier ; je n'en connais que deux dans la ville ; il y en a un impossible à approcher, mais l'autre est dans le jardin de Robert.

— Nous aurons la permission par Robert, dit Bineau, quoiqu'on dise que son père soit avare.

Cette conversation se passant pendant la classe, il était difficile de traiter à fond la question d'alimentation des vers à soie. Lagache écrivit sur un carré de papier :

« *Les mûriers sont-ils en fleurs ?* »

Ayant roulé un certain temps le papier dans ses doigts, il en fit une boule au moyen d'un petit tube en plume qu'il portait toujours comme arme agressive, et envoya le billet sur le nez de Robert, alors fort occupé à étudier sa leçon. Robert releva la tête et chercha d'un œil irrité l'ennemi qui venait de l'attaquer ; mais un signe de Bineau l'avertit que le projectile n'annonçait aucune hostilité. Malheureusement la boule, après l'avoir atteint, avait roulé sous la chaire du maître d'études.

— Monsieur, dit Robert en se levant de table, auriez-vous la bonté de me tailler une plume ?

— N'êtes-vous pas assez grand pour la tailler vous-même ? fit le maître d'études, impatienté d'avoir été dérangé dans la lecture d'un roman.

— Monsieur, c'est que j'ai oublié mon canif.

— Alors, prenez le mien et rapportez-le.

— Monsieur, je vous le rends à l'instant.

Robert, ne sachant comment faire pour se baisser et atteindre la boule qui avait roulé assez loin sous la chaire, hésita un moment, fort occupé en apparence à tailler la plume. Quand il eut fini, il rendit le canif et se précipita hardiment sous la chaire.

— Que faites-vous, monsieur Robert ? demanda le maître d'études.

— Monsieur, dit celui-ci en reparaissant la figure rouge, je ramasse la graisse de la plume neuve pour la manger, on dit que ça donne de la mémoire.

— Allez à votre place, petit sot.

Avec la rapidité du système télégraphique, une correspondance s'établit par le moyen de tubes et de boulettes de papier, entre Robert, Lagache et Bineau.

Robert répondait à la question : « *Les mûriers sont-ils en fleurs ?* » par ces mots :

« *A peine si les fleurs commencent.* »

Bineau écrivit :

« *Peut-on avoir des feuilles ?* »

« *Papa ne veut pas*, répondit Robert. »

« *Tu peux bien en prendre*, écrivait Lagache. »

« *Non*, répondait Robert, *on ne me laisse jamais seul dans le jardin.* »

— Ça ne fait rien, dit Bineau à Lagache, puisque j'apporterai des feuilles de chou.

— Est-ce que tu t'y connais ? Les feuilles de chou sont bonnes tout au plus pendant huit jours ; mais les vers à soie ne peuvent se passer de mûrier, ils ne vivraient pas.

Pendant la récréation la bande discuta longuement la question des vers à soie. Lagache en possédant un trop grand nombre pour pouvoir les élever dans son pupitre, il fut convenu que chacun des complices leur donnerait asile pendant un certain temps, et qu'une place mystérieuse serait réservée aux vers à soie dans les pupitres. On devait affecter une grande tranquillité pendant leur jeunesse, ne pas s'inquiéter des mystères de la nature qui favoriserait leur développement de jour en jour ; il fallait les nourrir avec régularité, changer souvent leur nourriture, veiller à sa fraîcheur, et, malgré tout, ne pas ouvrir trop souvent le couvercle des pupitres, car le secret de cet élevage d'animaux prohibés serait bientôt dévoilé au maître d'études qui procéderait immédiatement à un massacre général. Canivet, pour plus de prudence, ouvrit l'avis que chacun des éleveurs fît deux cachettes distinctes de vers à soie dans son pupitre ; en cas de surprise, le maître ne se doutant pas de ces deux retraites, ne détruirait vraisemblablement que la première.

Une huitaine se passa ainsi, Bineau fatiguant sa mère de demandes de feuilles de chou ; après quoi Lagache le prit à part :

— Robert est un lâche, s'écria-t-il, de ne pas vouloir nous donner de mûrier.

— C'est vrai, dit Bineau.

— Il en faut demain, il n'y a pas à dire ; le mal que nous nous sommes donné est inutile si tu ne trouves pas de mûrier.

— J'y ai bien pensé avec Canivet, répondit le petit Bineau, mais c'est impossible. Le grand mûrier du père Robertant est contre le mur de son jardin ; quelques branches dépassent et donnent sur la rue. Nous avons envoyé des pierres dedans pendant au moins une heure, il n'en est pas tombé une feuille ; c'est trop haut.

— On m'a dit, reprit Lagache, que les séminaristes avaient un mûrier dans leur cour.

— Ah ! s'écria Bineau, mais personne n'entre dans le séminaire !

— Les vers à soie des séminaristes doivent déjà être bien gros, dit Lagache en soupirant ; on ne leur refuse rien, tandis que les nôtres sont nourris aux choux.

— J'aurais bien escaladé le mur du séminaire s'il n'était pas si haut, dit Bineau, mais il n'y faut pas penser ; c'est égal, je m'en irai par les remparts ce soir, avec Canivet et Robert, et nous verrons.

— Robert vous gênera, c'est un capon.

— Laisse faire, j'ai mon idée.

Après la fermeture du collège, Bineau dit à Robert :

— Si nous jouions à la balle dans le dos, en nous en allant ?

— Je veux bien, dit Robert.

La partie était à peine commencée que Canivet, d'intelligence avec Bineau, se plaignit de ce que la balle était trop molle.

— Je viens de la recevoir, c'est comme une plume, dit-il. As-tu ta balle, Robert ?

— Oui, dit celui-ci, mais c'est une balle en gomme.

— Et puis après ?

— Elle coûte cher : si vous me la perdiez ?

— Est-ce qu'on perd jamais des balles ? reprit Canivet.

— Des remparts elle peut rebondir sur la promenade et rouler en bas de la montagne... Une balle de six sous ! dit Robert en la tirant de sa poche, pour en montrer la beauté.

Bineau fit un temps de course.

— A moi ! s'écria-t-il.

— Non, fit Robert, en remettant la balle dans

sa poche, papa ne m'en rendrait pas d'autre si je la perdais.

— Je t'en réponds, dit Canivet ; tu sais qu'au collège j'en ai une, deux fois grosse comme la tienne, et qui rebondit jusqu'au toit.

— Si tu as le malheur de perdre ma balle, demanda Robert, tu me donnes la tienne ?

Canivet s'arrêta, fit une croix sur le pavé avec son soulier.

— J'ai fait une croix ; allons, oup !

Robert, qui avait le fond du caractère hargneux, bien certain de la dureté de sa balle, la lança de toutes ses forces dans le dos de Canivet, qui n'était pas à plus de cinq pas.

— Tu m'as pris en traître ! s'écria celui-ci, feignant une grande colère, tu vas le payer. Tiens, voilà pour ta balle.

Et il la lança par-dessus le mur du séminaire.

— Bien fait ! s'écria Bineau.

Robert, d'abord stupéfait, fondit en larmes quand Canivet lui eut dit qu'il ne lui rendrait aucune balle à la place.

— Tu es encore bien heureux, méchant, que je ne te batte pas après une traîtrise pareille.

— Sois sûr que je le dirai à papa, disait Robert, la voix pleine de sanglots, en s'appuyant contre le mur du rempart, car il s'était arrêté depuis l'accident et semblait suivre dans l'air la courbe qu'avait décrite la fameuse balle de gomme.

— Moi, dit Canivet, je montrerai ce que tu m'as fait dans le dos ; je suis sûr que la place sera noire pendant huit jours.

Le petit Bineau se posa en conciliateur.

— Allons, Robert, ne pleure pas, ta balle n'est pas perdue, Canivet a seulement voulu te faire peur ; nous allons demander la permission de la chercher dans la cour du séminaire.

Cette espérance sécha aussitôt les larmes de Robert ; tous trois rétrogradèrent de chemin.

— Tu es trop bon, disait Canivet, de te gêner pour un Robertant.

— Ne m'appelle pas comme ça, fit Robert, je le dirai à M. Tassin.

— Le principal se moque bien d'un Robertant, reprit Canivet.

— Demain tu verras.

Le sobriquet de Robertant était en effet une injure trop populaire dans la ville pour qu'elle ne fût pas connue des collégiens. M. Robert passait pour l'homme le plus avare du département ; on citait entre autres traits celui par lequel il se fit faire une donation d'une parente, au préjudice des autres héritiers. Les plaisants de Laon contaient qu'au lit de mort de la vieille dame, M. Robert, toutes les fois que sa parente commençait les paroles : « Je donne à monsieur » ajoutait « Robert. » — Ah ! oui, Robert, reprenait la vieille dame, qui avait à peine sa connaissance. Alors M. Robert disait : « Robert, tant... » Et il inscrivait en regard la somme. On sut le fait plus tard, d'où le surnom de Robertant, qui resta jusqu'à la mort de l'avare, et dont fut victime son fils au collège.

— Puisque tu veux nous dénoncer au principal, reprit Canivet, nous n'irons pas chercher ta balle. Viens, Bineau, laissons-le tout seul.

— Je ne dirai rien, fit Robert, si vous me rendez ma balle.

— Pendant qu'il la cherchera dans la cour, dit Bineau à Canivet, tâche de casser une branche de mûrier, et, pour qu'on ne nous voie pas sortir avec, tu me la jetteras par dessus le mur.

Ce complot fut déjoué par le portier du séminaire, qui, non-seulement ne permit pas aux collégiens de pénétrer dans la cour, mais encore déclara qu'il ne rendrait la balle que contre deux sous. Dure loi que subissaient également les séminaristes qui, dans l'ardeur de leurs jeux, lançaient souvent les balles par dessus les murs, et avaient chargé le portier de les racheter à chaque galopin qui les rapporterait.

Bineau ne recevait deux sous que le dimanche, et aussitôt il les dépensait avec prodigalité. Canivet jouissait d'un revenu égal et déployait les mêmes largesses. Le malheureux Robert fut donc privé de sa fameuse balle de gomme pour avoir refusé du mûrier à ses camarades ; mais il leur garda une profonde rancune.

Lagache montra son mécontentement de l'entreprise manquée.

— Les vers à soie ne viennent pas, dit-il ; ils sont tristes, le chou ne leur vaut rien.

Pendant cette journée, Bineau se tint calme en classe, par extraordinaire ; il réfléchissait et cherchait un moyen d'arriver à la précieuse conquête des feuilles de mûrier. Sur le midi, il s'en alla seul par les promenades, s'arrêta longuement devant le grand mur du séminaire, l'étudia en architecte, et toutefois sembla atterré par sa hauteur et par les tessons de verre qui en interdisaient l'escalade aux plus audacieux. Ayant déjeuné en un clin-d'œil, Bineau revint immédiatement sur les remparts, où l'appelaient de nouvelles méditations.

Il était une heure : c'est un moment de récréation générale ; une douzaine de gamins industrieux se tenaient devant le mur du séminaire, disposés à gagner la prime habituelle payée par le portier. A peine Bineau fut-il arrivé près du groupe, qu'une balle, lancée maladroitement par un séminariste, tomba justement sur le rempart ; aussitôt un combat à coups de poing, à coups de pied, s'engagea entre les enfants, qui se renversaient pour gagner la prime promise.

Le combat n'était pas terminé que Bineau entendit avec surprise une voix sortant du mur, qui criait :

— Trois sous tout de suite.

Alors Bineau remarqua qu'un moellon avait été adroitement enlevé du mur, et que, par cette sorte de judas, les élèves du séminaire communiquaient directement avec les ramasseurs de balles. Le marché conclu, les trois sous furent échangés contre la balle, et le moellon reprit sa place habituelle.

Les séminaristes avaient avantage à traiter directement avec le dehors ; leur partie n'était pas interrompue, et ils gagnaient au marché, car le portier exigeait de son côté une somme égale à celle qu'il payait aux gamins de la ville.

Bineau s'en revint, heureux de n'avoir pas perdu son temps en vaines contemplations. Il conta à Lagache ce qu'il avait vu.

— Quel malheur, dit-il, que je ne sois pas assez mince pour passer par le trou du mur ! Comme je te rapporterais des brassées de feuilles de mûrier !

— Tu aurais le front de pénétrer le soir dans la cour du séminaire ? demanda Lagache.

— Certainement, dit Bineau, et je réponds de Canivet, car il faudrait être deux pour le moins.

— Il n'y a qu'à agrandir le trou, reprit Lagache.

— Mais des outils ?

— Ce soir tu en auras ; je ne te recommande qu'une chose, c'est de couper dans le bois, pendant la promenade, deux forts bâtons qui puissent servir de levier ; moi je fournirai le reste.

En ce moment on entendit un roulement de tambour, qui annonçait aux élèves de se préparer pour le défilé.

— Je suis en retard, s'écria Bineau ; je n'ai pas mon cor.

Il courut vers la salle des instruments décrocher le cor, et revint presque aussitôt tout harnaché avec ses tons de rechange autour du cou, auprès de M. Ducrocq, qui soufflait vivement dans sa petite clarinette, et en tirait des sons aigus pour appeler le retardataire.

— Le voilà ! voilà Bineau ! dirent les musiciens enchantés de revoir leur camarade, car Bineau était un des notables instrumentistes de la fanfare.

Une fois coiffé du grand chapeau à cornes, son cor sous le bras, sa giberne au côté, le petit Bineau devenait presque un être sérieux, que M. Ducrocq citait comme modèle aux musiciens du collège.

— Que faisais-tu donc ? petit drôle, demanda M. Tassin, qui pinça amicalement l'oreille de Bineau.

— Monsieur, je ne trouvais pas mon embouchure.

— En marche, alors.

Le bois du Sauvoir, où se rendaient habituellement les élèves, est situé à une demi-lieue de Laon, ce qui permettait à M. Tassin d'étaler ses compagnies de collégiens dans la grande montagne de Vaux, de faire répéter par les échos des grottes voisines le son des tambours, et de donner en admiration aux rentiers qui se promènent sous les tilleuls le spectacle intéressant des évolutions de ses élèves.

A une portée de fusil du bois se trouve la ferme du Sauvoir, où chaque collégien buvait avec avidité des flots de lait nouvellement trait : les heureux pensionnaires qui touchaient un budget régulier par semaine, se régalaient à cette ferme ; ceux qui n'avaient qu'un mince revenu trouvaient dans la maraude de quoi satisfaire leurs insatiables appétits.

Lagache profita du commandement : « Rompez les rangs ! » pour s'enfuir à toutes jambes dans la campagne, ne tenant compte ni des blés, ni des avoines en grain, sautant par dessus les fossés et ne quittant pas des yeux la vieille cathédrale dont le clocher pointu fend les nuages. En moins d'une demi-heure Lagache arrivait à

Laon par une sorte de chemin de chèvre dit « la Sablière, » et pénétrait dans le collège en escaladant un petit mur qui donne sur les remparts. Connaissant les habitudes de la maison, il ne craignait pas d'être surpris. Il entra dans la salle d'études et courut à son pupitre, lequel contenait un matériel de clefs, presque aussi considérable que celui d'une boutique de serrurier.

Lagache prit les clefs et marcha hardiment au pupitre du plus riche pensionnaire. Il le secoua pour se rendre compte de la nature des objets qui pouvaient y être inclus : le pupitre rendit un son de ferraille. Un éclair de joie passa sur la figure de Lagache ; malheureusement, après avoir essayé toutes ses clefs, il fut impuissant à ouvrir le cadenas. Il essaya de le tourner dans les pitons, le cadenas résistait : il tenta de le faire sauter à coups de talon ; le pied attaquait le bois du pupitre et faisait retentir les voûtes de la salle. Lagache tressaillit tout à coup, car il venait d'entendre des pas dans l'escalier ; d'un coup d'œil il chercha un moyen de fuite et s'aperçut qu'elle était impossible.

Se croyant perdu, Lagache souleva la chaire, dont l'entrée était très étroite, et la laissa retomber sur lui. Ce coup désespéré le sauva. Le portier, qui balayait à l'étage supérieur, ayant entendu du bruit au dessous, venait s'enquérir de ce qui se passait. Il regarda dans la salle, n'y trouva aucun désordre, et ne se douta pas que quelqu'un pût se cacher sous la chaire, tant l'espace était étroit, le meuble lourd, l'entreprise insensée. Cependant il jugea prudent de fermer la porte à double tour.

Lagache se trouvait énfermé doublement : sous la chaire et dans la salle. Dans cette triste situation, il réfléchit qu'il aurait mieux valu pour lui rester au bois, à jouer aux barres, à boire du lait, à grimper aux arbres, et le remords de sa tentative d'effraction le prit un peu tardivement. Alors Lagache maudit les vers à soie, qui l'avaient conduit à se faire prendre comme un rat dans une souricière ! A peine pouvait-il remuer : sa tête touchait terre. La peur d'être surpris en flagrant délit lui avait pour ainsi dire rapetissé le corps ; il se trouvait blotti en boule sous la chaire sans pouvoir en sortir.

A force d'essayer le jeu de chacun de ses membres, Lagache parvint à glisser au dehors sa jambe gauche ; d'abord il la secoua pour lui rendre de l'activité, car elle était engourdie. Son pied ayant rencontré un obstacle léger qui remuait au gré de la jambe, il usa tellement d'adresse qu'il ramena l'obstacle sous la chaire. C'était un gros dictionnaire dit *Gradus ad Parnassum*. L'obstacle devint un allié ; Lagache, après avoir repris courage, fit un effort désespéré et réussit à soulever un peu la chaire ; ayant trouvé à côté de lui une brique, il cala un des pieds du meuble avec le morceau de brique et jouit d'un peu plus d'espace, mais si peu qu'il fallait être dans sa position pour en comprendre la valeur. Un nouvel effort des reins lui permit de placer un second morceau de brique sous un autre pied de la chaire. Le plus difficile était de sortir de la chaire sans la renverser ; après de nouveaux efforts, Lagache introduisit le *Gradus ad Parnassum* sous un des côtés de la chaire, et avec la souplesse d'un lutteur dégageant sa tête des étreintes de son adversaire, le prisonnier put se promener dans la salle d'étude sans avoir éveillé l'attention.

Ne voulant pas perdre le fruit de son emprisonnement, il retourna au pupitre dont l'ouverture le tentait ; cette fois Lagache s'y prit plus habilement. Il tailla le couvercle du pupitre avec son canif, et fit tant qu'il déchaussa le piton de fer dans lequel le cadenas était accroché. L'effraction était visible, mais Lagache ne s'en inquiétait pas, car l'ouverture du pupitre amena la découverte d'un marteau, d'un ciseau de fer et de divers instruments qui certifiaient que leur propriétaire se livrait à des travaux de menuiserie.

A l'aide du ciseau, Lagache dévissa facilement la serrure que le portier avait refermée ; muni de son précieux butin, le voleur sortit aussi aisément du collège qu'il y était entré. Il mit encore moins de temps à rejoindre les collégieus qu'à s'en éloigner, car il descendit la montagne à travers les obstacles aussi brutalement qu'un rocher qui serait tombé du haut de la cathédrale. Les larges fossés remplis d'eau, d'un bond il les enjambait, ne s'inquiétant guère de la vase dont ses brodequins se remplissaient ; les haies d'épines de la moitié de sa grandeur, il les traversait sans sourciller, quoique la figure et les mains écorchées. Les cris menaçants que poussaient les paysans qui le voyaient traverser les champs ensemencés semblaient lui donner des ailes.

Essoufflé, les yeux hors de la tête, la langue

pendante, Lagache arriva juste au moment où le principal faisait l'appel.

Caché derrière Larmuzeaux, Lagache n'essayait même pas dans son anéantissement, de réparer le désordre de ses habits, salis par la poussière accumulée sous la chaire du collège.

Quand il reprit ses sens :

— Tiens, dit Lagache à Bineau en lui montrant les outils, voilà de quoi percer le mur du séminaire ; attends-moi ce soir.

A huit heures, le crépuscule étant venu, Lagache et Bineau commencèrent à déchausser les pierres encadrant le petit guichet qui servait aux transactions de balles : de chaque côté du rempart Canivet et Cucquigny faisaient le guet.

— C'est plus dur que je ne croyais, dit Lagache à Bineau, essaye de faire jouer ton bâton dans le trou.

Mais le levier cassa sans ébranler les pierres. Les deux faiseurs de guet vinrent relever les travailleurs, qui se fatiguaient sans arriver à un résultat.

— Jamais nous ne pourrons ! dirent-ils après avoir brisé les lames de deux canifs et d'un couteau contre les pierres. Il faudrait une pioche.

— On y arriverait sans pioche, dit Bineau ; mais cela demande de la patience.

— Peut-être huit jours de travail, dit Cucquigny. Et puis il est tard, et on me grondera chez mon oncle si je ne rentre pas.

La vérité était que Cucquigny, en sa qualité de peintre, était de nature tranquille, peu propre à de semblables expéditions.

— Alors, va-t-en, lui dit Lagache, qui ne s'abusait pas sur la hardiesse de son camarade ; nous n'avons pas besoin de toi.

— Voilà une heure, dit le petit Bineau, que nous nous acharnons contre ce mur, sans savoir ce qui nous attend de l'autre côté. On prétend que le portier lâche les chiens la nuit ; je ne tiens pas à être mordu... Il n'y a rien à faire ici.

— Comment, tu abandonnes l'affaire ? s'écria Lagache. Pense aux vers à soie qui se meurent !

— C'est vrai qu'ils sont malades... Mais les chiens du portier !

— Des bêtises, fit Lagache. On n'élève pas de chiens dans les séminaires.

Malgré ces raisons, Bineau portait prudemment la main à l'endroit de la culotte où se jettent plus volontiers les gardiens des maisons. Il était de bon conseil, mais aussi peu porté que son ami Cucquigny aux entrées par effraction dans les propriétés d'autrui.

Lagache le voyant réfléchir :

— Eh bien ? lui demanda-t-il.

— Je pense, dit Bineau, qu'à dix pas d'ici il y a le jardin du père Robertant, dans lequel est un mûrier, et que nous sommes fous de ne pas y avoir songé plus tôt.

— C'est pourtant vrai.

— Et le fossé ? dit Canivet.

— Qu'est-ce que nous fait le fossé ? L'un de nous descendra dedans et fera la courte échelle à l'autre.

— Allons, s'écria Bineau, au jardin de Robertant !

L'escalade n'était pas sans danger ; mais le mur, au delà du fossé, formait une certaine pente, et le temps qui en avait enlevé le mortier par endroits, formait des repères naturels pour le pied. La nuit cache le danger ; tel qui n'eût pas osé grimper le jour à ce mur, pouvait tenter le soir l'escalade sans crainte. Bineau, quoique mince et petit, manquait de hardiesse dans les exercices gymnastiques ; il ne déployait véritablement ses jambes que dans la fuite. Au contraire, Lagache n'hésitait pas à exécuter les plans dont Bineau avait l'idée. Aidé des épaules de Canivet, il disparut bientôt dans les ombres de la nuit.

Le résultat de son entreprise fut connu par le bruit que firent en tombant deux énormes branches de mûrier.

— C'est trop gros, dit Bineau, on va le savoir. Robert nous dénoncera.

— Il ne sait pas que c'est nous, dit Canivet.

— Nous avons eu tort de lui parler depuis si longtemps de feuilles de mûrier.

— Tiens, reprit Bineau, est-ce que nous sommes les seuls à élever des vers à soie ?

Bientôt Lagache reparut, et le dépouillement de branches se fit en un clin d'œil : chacun emporta sa provision et reçut l'instruction de se munir d'un pot rempli de sable frais, afin de conserver les feuilles de mûrier dans un état satisfaisant de fraîcheur.

III

Le cuisinier Dodin. — Les inventions. — Tantoniens et Tassinistes. — Le commerce toujours voleur. — L'Université ne devrait-elle pas fonder un prix pour l'élevage des vers à soie ?

L'élevage des vers à soie continua avec un plein succès. Toutefois Dodin ne pouvait se résoudre à obéir aux instructions de Lagache ; à tout instant il ouvrait son pupitre et passait des heures en contemplation dans l'intérieur, soutenant le couvercle sur sa tête.

Dodin, qui avait la manie de la cuisine, aimait les nourritures recherchées, et employait une partie des classes à méditer des combinaisons culinaires qu'il exécutait aux heures d'études : aussi le fond de son pupitre était-il disposé avec art. On y voyait entassées des provisions de pommes, de poires et de sucre, une fiole de fleur d'orange, des petits couteaux, des petites assiettes et des petites cuillers. Rien n'avait pu décider Dodin à interrompre ses opérations gastronomiques pour soigner les vers à soie, et il crut faire un grand sacrifice en retranchant un tiers de son pupitre pour le mettre au service de ses camarades.

Le foyer destiné à la cuisson était ainsi établi : une ardoise supportant un lampion qu'on allumait les jours de grand festin ; ce lampion servait à faire bouillir les diverses combinaisons contenues dans un vase de ferblanc. Vers quatre heures de l'après-midi, la cuisine faite, Dodin retirait la nourriture du bassin, la divisait en portions égales, et poussait la galanterie jusqu'à l'envoyer à ses amis sur de petits plats d'étain provenant du ménage d'une poupée. Quoique exiguës, ces gourmandises dénotaient l'esprit inventif de Dodin, et la boutique du fameux pâtissier suisse nouvellement établi à Laon n'eût pu offrir de gâteau luttant avec ces merveilles fortement sucrées.

Un jour que Dodin avait imaginé un mélange de morceaux de poires entremêlés de chapelure de pain grillé, de grains d'anis vert, et que, comme condiment de haut goût, il relevait ce plat exquis par un léger arrosement de fleur d'oranger, cette combinaison si compliquée appela trop souvent son attention dans le pupitre et l'ouverture fréquente du couvercle fit que des odeurs bizarres se répandirent dans la salle.

« Messieurs, s'écria le maître d'études, on a fumé de l'anis ici ; si cela vous arrive encore et que vous ne dénonciez pas le fumeur, je vous mets tous en retenue. »

A cette apostrophe, Dodin frémit, quoiqu'il ne fût pas coupable d'avoir fumé de l'anis, passion qui ne commençait guère qu'en cinquième pour se développer en rhétorique et mener à l'abus des cigarettes de véritable tabac. Atterré, il resta tranquille pendant un quart d'heure, collant son oreille contre le pupitre pour s'assurer que la marmite ne bouillait pas trop vite, car il craignait que l'écume débordant tout à coup ne se répandit comme une écluse à l'intérieur, gâtant les papiers, les livres et noyant les vers à soie.

Le maître d'étude avait la manie de lire des romans et en dévorait régulièrement quatre volumes par jour. Dodin, le voyant absorbé dans sa lecture, fut assez imprudent pour ouvrir de nouveau son pupitre ; mais quoiqu'il le refermât brusquement,une excessive odeur d'anis en sortit tout à coup.

— Messieurs, quelqu'un fume malgré ma défense! s'écria le maître d'études, qui jeta de côté son volume.

Ceux des élèves qui ne faisaient pas partie de la bande de Dodin le regardaient d'une façon malicieuse : c'est une manière jésuitique de dénoncer un camarade. Dodin, confus, sentait s'empourprer ses grosses joues. Le maître d'études, averti par ces regards, descendit de la chaire et étudia la mine de divers élèves qu'il soupçonnait : mais comme il arrivait dans les environs du pupitre de Dodin, un petit panache de fumée sortit par le trou de l'encrier et mit le maître d'études sur la trace. Il tomba comme une bombe sur le pupitre, l'ouvrit, le referma immédiatement et poussa un cri, se croyant asphyxié.

Une terrible odeur de lampion, de vieille graisse, d'anis rôti, s'échappait du foyer chauffé outre mesure.

— A la porte, Dodin ! s'écria le maître d'études, qui tentait d'éteindre le feu en soufflant sur le lampion, pendant que la plupart des élèves riaient de cette mésaventure.

— Mais, monsieur..., disait Dodin d'une voix suppliante.

— A la porte, tout de suite, vous dis-je !

Dodin sortit, craignant qu'une instruction plus approfondie, faite dans son pupitre, n'ajoutât encore aux colères du maître d'études ; effectivement, celui-ci, en trouvant la batterie de cuisine, la compote de poires, les vers à soie, la fiole de fleur d'orange, le pot à mûrier, les jeta avec rage par la fenêtre.

Dans le premier moment les élèves avaient ri ; ils redevinrent sérieux. Une découverte si inattendue pouvait pousser le maître d'études à une perquisition générale. Le plus tremblant fut Larmuzeaux, qui entretenait une grenouille dans son pupitre et aurait donné dix ans de sa vie plutôt que de s'en séparer.

Bineau, ayant obtenu la permission de sortir

un instant, chercha Dodin et finit par le trouver dans la petite cour, blotti derrière un tas de fagots. Dodin se cachait, craignant de rencontrer le principal. Être mis à la porte pendant l'étude est une immense punition, qui était encore accrue par M. Tassin quand il trouvait l'exclu errant comme une âme en peine aux environs de la classe.

— C'est ta faute, dit Bineau à son ami, avec tes compotes !

— Bon ! s'écria Dodin, voilà que tu prends le parti du maître d'études.

— Certainement, tu n'avais pas besoin de faire de la cuisine. Tu as manqué de nous faire pincer tous : encore un peu, avec ta fricassée, le maître d'études fouillait dans nos pupitres et empoignait les vers à soie.

— C'est fini, dit Dodin, n'y pensons plus... As-tu le temps de me faire une partie de six balles ?

— Pas trop, fit Bineau, mais un coup est bientôt joué.

La partie de *six balles* consiste en six billes que le joueur tient dans le creux de la main droite et qu'il jette avec plus ou moins d'adresse dans un trou en terre qu'on appelle le *pot*. La partie était en train, lorsque M. Tassin apparut tout à coup, se précipita comme un éclair sur l'enjeu, et gratifia d'un violent soufflet Dodin, qui n'était pas dans ses bonnes grâces. Dodin tomba la face contre terre et contrefit le mort, situation qui lui permettait de chercher une excuse à sa conduite. Profitant de cet incident, Bineau s'était enfui à toutes jambes.

— Que fais-tu là pendant la classe, drôle? s'écria le principal.

Dodin ne répondit pas.

— Attends, je vais te relever par les oreilles.

Cette menace fit que Dodin se redressa immédiatement sur ses jambes.

— Monsieur, on m'a mis à la porte.

— Ah! tu te fais chasser de la classe et tu joues aux billes! Attends, je m'en vais voir ton professeur.

En même temps, il empoigna Dodin par l'oreille et le conduisit jusqu'à la classe.

— Voici un méchant sujet que j'ai trouvé en train de jouer aux billes, dit M. Tassin au maître d'études.

— Monsieur le principal, répondit le professeur, j'ai surpris M. Dodin en train de faire une horrible cuisine dans son pupitre ; il avait allumé un lampion qui infectait.

— Malheureux ! s'écria le principal, tu veux donc mettre le feu à mon établissement ?

— Indépendamment de cela, dit le professeur, M. Dodin élevait des vers à soie ; enfin, son pupitre contient tout ce qu'il est possible d'imaginer, excepté des livres d'étude.

— Ah ! je suis content de savoir que tu élèves des vers à soie ! reprit le principal. C'est donc toi, mauvais drôle, qui escalade les murs du jardin de M. Robert, dont j'ai reçu les plaintes ce matin ? On a cassé ses arbres, écrasé ses fleurs, marché dans ses plates-bandes ; je me refusais à croire à tant d'audace de la part de mes élèves, même avant d'avoir fait une enquête... Tu vas retourner ton habit, misérable !

— Mais, monsieur, ce n'est pas moi ! s'écriait avec un réel accent d'innocence l'accusé.

— Retourne ton habit tout de suite, malfaiteur, ou je te renvoie à ta mère.

Dodin, qui craignait plus encore sa mère que le principal, retourna les manches de sa redingote, pour la plus grande joie de toute la classe. L'envers de l'habit de Dodin, fils d'une couturière de la ville, offrait des échantillons de robes de toutes couleurs ; la doublure du dos, des basques et des manches était composée de différents morceaux d'étoffes de nuances vives. Dodin avait l'air d'un carnaval et n'aurait peut-être pas tant pleuré si la doublure de sa redingote eût été d'une même étoffe.

La bande accablée des éleveurs ne quittait pas des yeux Dodin, craignant d'être dénoncée par lui.

Robert lui-même semblait embarrassé.

— Tu resteras pendant toute la récréation auprès du puits, avec ton habit retourné, dit le principal à Dodin, et tu n'iras pas déjeuner, je te le défends. M. Bineau, que j'ai surpris en train de jouer avec toi, te rapportera du pain sec pour ta punition.

Bineau respira avec plus de liberté, heureux d'échapper si facilement à la mauvaise humeur de M. Tassin.

Après la classe, il se tint un conciliabule entre les principaux éleveurs de vers à soie, qui jugèrent prudent d'abandonner désormais l'escalade du jardin de M. Robertant.

— Je parie, dit Bineau, que Robert nous a dénoncés à son père.

— Oui, c'est un rapporteur.

— Il le payera, le cafard !

Mais quoique le petit Robert fût convaincu de jésuitisme, il fut convenu qu'on le laisserait tranquille pour le moment, Bineau se chargeant de trouver plus tard un terrible châtiment pour le coupable.

Il existait alors une vive rivalité entre la pension Tanton et le collège de M. Tassin : souvent des combats acharnés entre les externes des deux établissements avaient lieu quand ils se rencontraient sur la promenade avant l'heure de la classe ; mais Bineau surtout nourrissait une extrême rancune contre son ancien maître d'écriture. L'expédition du mûrier terminée, il ne songea plus qu'à tourmenter ceux qu'il appelait les « *Tantoniens,* » en opposition au sobriquet de « *Tassinistes,* » dont avaient été décorés les collégiens.

Depuis quelques jours, Bineau avait imaginé de s'introduire dans la cour de M. Tanton et de se pendre après la cloche, qui était le signal du repas des élèves. Cette cloche faisait un bruit effroyable : M. Tanton, pour lutter avec le tambour du collège, ayant jugé à propos d'en augmenter le volume.

L'entreprise réussit à merveille la première fois ; la classe tout entière poussa des cris de joie en entendant la cloche devancer d'une heure la sortie. Quoi que fît M. Tanton, malgré ses coups de poing réitérés sur la table, les pupitres se fermaient à grand bruit pendant que la cloche sonnait à toute volée. Bineau eut le temps de se sauver sans être vu ; d'ailleurs, connaissant tous les coins de la pension, il n'eût pas été embarrassé de se cacher et de défier les poursuites. Canivet, Lagache, Robert et Dodin, qui l'attendaient à la porte, le félicitèrent de la réussite de son entreprise.

Le jour suivant, Bineau recommença son carillon avec le même succès, ce qui amena des joies sans fin entre les quatre amis qui s'en retournaient le cœur content de leur expédition.

— Demain, dit Bineau à Robert, ne manque pas d'apporter de la ficelle, je te montrerai quelque chose de drôle. Avec la ficelle, on peut carillonner une demi-heure sans danger.

Robert déficela un beau paquet de plumes

neuves, et, pour la première fois fit preuve de générosité. C'était bizarre.

— Ce n'est pas tout, dit Bineau ; nous allons entrer avec précaution dans la cour des Tantoniens. Moi, je monterai au premier ; tu attacheras solidement à la chaîne de la cloche ta ficelle, ensuite une pierre au bout de la ficelle ; tu me jetteras la ficelle, et puis tu te sauveras.

— Si on m'attrapait ? fit Robert.

— Il n'y a pas de danger ; d'ailleurs c'est moi qui me charge de sonner la cloche.

Robert, à demi convaincu, s'introduisit dans la cour du maître de pension ; il suivait les instructions de Bineau et attachait la ficelle à la chaîne, lorsqu'il reçut dans le dos un coup de balai énorme qui faillit le renverser : en même temps Robert sentait ses oreilles prises dans un étau bizarre, c'est-à-dire les deux moignons de M. Tanton, qui faisait le guet, ne s'expliquant pas comment l'audacieux sonneur lui échappait depuis deux jours.

— Maudit sujet ! s'écria M. Tanton, tu resteras ici jusqu'à ce qu'on te réclame.

Cette menace n'aurait pas porté un coup violent à Robert, qu'il eût été terrifié par un éclat de rire qu'il reconnut appartenir à son ami Bineau ; celui-ci avait profité d'un plan de fuite bien organisé pour disparaitre par un petit toit donnant sur une ruelle voisine.

M. Tanton amena son prisonnier dans sa classe et lui fit subir un interrogatoire devant tous ses élèves. Robert dénonça Bineau comme l'auteur du complot, et accusa ses camarades qui l'attendaient aux environs ; mais, malgré ses larmes et son système de justification, le maître d'écriture abandonna les complices qu'il n'avait pas vus, pour faire porter tout le crime sur la tête du prisonnier. Ayant rédigé une sorte de procès-verbal des événements, M. Tanton le recopia en double exemplaire, un pour le commissaire de police, l'autre pour le père de Robert. A huit heures et demie du soir, M. Robert reçut le message suivant, écrit en admirable *ronde :*

« *Monsieur, depuis trois jours la cloche de mon établissement se faisait entendre irrégulièrement et sans but vers la septième heure du soir. Cette cloche apportait le trouble dans mes classes d'écriture, d'orthographe et de calcul. Je résolus de découvrir le malfaiteur. A cet effet, je me*

cachai derrière la grande porte de mon pension-
nat ; mais le perturbateur, jouissant d'une très
grande agilité, échappait constamment à mes
poursuites. C'est seulement aujourd'hui, 8 mai,
que je me suis emparé du coupable. Il se nomme
Grégoire Robert, âgé de onze ans, fils de M. Robert, rentier. Je l'ai interrogé publiquement
devant mes élèves, pour leur donner un exemple
et afin qu'on ne m'accusât pas d'ajouter à mon
rapport des faits qui tendraient à prouver que le
coup part de plus haut. Peut-être M. Robert fils
n'est-il qu'un instrument ! Je laisse aux magis-
trats le soin de découvrir si une rivalité d'établissement ne monte pas la tête des jeunes gens du
collège. M. Robert fils a protesté de son innocence, quoique je l'aie surpris en flagrant délit,
cherchant à augmenter la longueur de la chaine
de ma cloche en y ajoutant un bout de ficelle rose,
que j'ai soigneusement conservée comme pièce de
conviction. Le coupable a nommé divers complices,
dont l'un, dit-il, serait entré dans mon établissement et aurait depuis longtemps dressé le plan de
l'affaire. Les autres perturbateurs attendaient le
résultat au dehors ; mais je ne peux entrer dans
une instruction plus compliquée, qui demanderait

le concours officieux de M. le principal du collège, lequel s'est déjà refusé à s'entremettre avec moi pour empêcher des combats entre mes élèves et les siens. J'ai l'honneur de vous donner avis, monsieur, qu'un double de ce rapport a été adressé au magistrat naturel en ces matières, à M. le commissaire de police de la ville de Laon, afin que cet honorable fonctionnaire juge en dernier ressort des exactions qu'une main cachée semble se permettre vis-à-vis d'un de ses administrés, qui ose se dire son concitoyen dévoué.

» Tanton. »

La signature de ce mémoire était surtout remarquable par l'abondance de traits calligraphiques qu'un esprit vulgaire eût peut-être jugés inutiles, mais qui n'avaient pas été jetés sans intention par le maître d'écriture, car, par leur forme arrondie, le commissaire devait voir quels hommages respectueux lui rendaient ces traits de plume, qui tous, malgré leur majesté, semblaient s'incliner devant sa dignité.

— Robert a dû recevoir une fameuse danse, dit

Bineau à ses amis quand il les eut retrouvés sur les remparts.

— Tant mieux, fit Lagache, un rapporteur ne peut pas être assez puni... Mais regarde donc ton pantalon, Bineau !

Alors seulement Bineau s'aperçut du désastre qu'avait apporté dans ses habits la fuite sur les toits. Trois endroits sensibles des vêtements, que le temps limait tous les jours sournoisement, n'avaient pu résister aux angles des tuiles : le fond du pantalon, les genoux, et plus particulièrement les manches de l'habit, fendues dans toute leur longueur.

— Qu'est-ce que je vais dire chez nous? s'écria Bineau atterré par cette découverte.

— A ta place, j'irais me coucher tout droit, dit Canivet ; on a jusqu'au lendemain pour réfléchir.

— Tant pis ! fit Bineau, on raccommodera mes effets. Je dirai que je suis tombé du haut d'un arbre.

En recevant l'acte d'accusation du maître de pension, M. Robert crut avoir mal lu, quoique l'écriture fût moulée. Se refusant à croire à la culpabilité de son fils, il courut immédiatement chez M. Tanton, et le traita de haut pour avoir emprisonné un enfant sur lequel il n'avait aucun droit. Le petit Robert pleurait et protestait de son innocence ; le père soutenait son fils. M. Tanton, indigné, déclara qu'il en appellerait aux tribunaux ; mais le maître de pension se jouait à plus fort que lui.

En sa qualité d'être économe et grâce à diverses influences, M. Robert avait obtenu un quart de bourse pour son fils ; son intérêt était de soutenir le collège, et naturellement le principal contre les partisans de l'enseignement Tanton. Cousin du maire de Laon, M. Robert ne manqua pas d'aller lui rendre visite le soir même, avant que celui-ci eût le temps de prendre un parti sur le rapport du maître de pension. Justement il y avait une réunion ce soir-là chez le maire.

— C'est indigne ! s'écria M. Robert. Mon cousin, vous avez sans doute reçu un procès-verbal de M. Tanton...

— Cette affaire ne me regarde pas, dit le maire ; elle appartient tout entière à la juridiction du commissaire de police.

— Mon fils est innocent, croyez-le bien, mon cousin.

— Je n'en doute pas un instant.

— C'est le petit Bineau, et bien certainement son ami Canivet, ou ce mauvais drôle de Lagache qui ont fait le coup.

— Qu'importe ? dit le maire.

— Pardonnez-moi, mon cousin, d'insister sur la mauvaise opinion que vous pourriez avoir d'un enfant plein de bonnes qualités, et que je cherche à préserver du contact des vauriens.

— Votre fils est charmant, monsieur Robert, dit le maire d'un ton qui indiquait qu'il désirait terminer cette conversation.

L'affaire en resta là, Bineau et ses amis heureux de s'être vengés d'un délateur. Malgré ces vives préoccupations, l'éducation des vers à soie se fit convenablement ; les éleveurs purent soumettre à l'admiration des pensionnaires des animaux d'une parfaite santé, accomplissant leurs fonctions avec régularité.

Lagache commença dès lors son commerce et offrit ses vers à soie à un sou la douzaine. Ce prix peu élevé était une amorce dangereuse pour les étudiants. La bande ne s'engageait pas à fournir de nourriture, et comme les externes seuls parvenaient à se procurer du mûrier, il arriva que les vers à soie des pensionnaires moururent de faim.

Lagache se récria contre le manque de soins de ses acheteurs et arriva à son but, qui consistait à faire une nouvelle vente et à établir de nouveaux tarifs. Le prix des vers à soie fut donc fixé à deux sous la douzaine, car pendant cet intervalle ils avaient pris figure. Cette vente amena une réconciliation momentanée entre Lagache et Robert :

— Combien coûtait la balle de gomme qu'on t'a perdue ? demanda Lagache.

— Six sous, s'écria mélancoliquement Robert.

— Veux-tu ravoir tes six sous ?

— Oui, dit Robert d'un air plus confiant.

— Et six sous avec, fit Lagache, en tout douze sous... Je vais te donner douze sous.

— Oh !... oh ! s'écria Robert, d'une voix qui annonçait combien il tenait de son père.

— Ça ne te fait pas pleurer, à ce que je vois.

— Où sont les douze sous ? demanda Robert plein de défiance. Douze sous, tu ne les as jamais eus.

Lagache fouilla dans sa poche, en tira un mouchoir noué à chaque extrémité ; il délia le premier nœud, qui contenait deux pièces de deux sous. Le second nœud renfermait une somme semblable ; il en était de même des deux autres nœuds.

— Oh ! s'écria Robert en voyant étalées sur le pavé huit pièces de deux sous qui lui faisaient cligner les yeux.

— Me crois-tu capable maintenant de te donner douze sous ? demanda Lagache.

Robert pouvait à peine parler, n'ayant jamais eu un pareil trésor à sa disposition.

— Bêta ! dit Lagache, il y a longtemps que tu aurais mes douze sous si tu ne nous avais pas dénoncés.

— Pas vrai, dit Robert.

— Ne mens pas, je le sais ; d'ailleurs, c'est fini, nous avons plus de feuilles de mûrier que nous n'en voulons.

C'était la réflexion que se faisait le petit Robert depuis quelques jours, qui se demandait : — Comment font-ils ? — sans parvenir à résoudre la question.

— Pour avoir les douze sous, dit Lagache, il faut que tu m'apportes, pendant quinze jours, autant de mûrier que je t'en demanderai ; ce n'est pas pour moi, c'est pour les pensionnaires. Tu leur vendras un demi-cent de feuilles à la fois, ça te va-t-il ?

— Et si papa le savait ?

— Alors tu n'auras pas tes douze sous, puisque tu es si capon.

— Oui, je le ferai, dit Robert.

— Je t'avertis que tu ne livreras du mûrier qu'autant que je te le dirai ; il faut que les vers à soie des pensionnaires soient toujours en retard sur les miens.

— Je ferai comme tu voudras.

En moins de huit jours, le commerce de Lagache prospéra à tel point que le collège fut rempli de vers à soie. L'industrieux éleveur ne se contentait pas d'une première livraison ; il lui fallait vendre sans cesse, et il employait diverses ruses. Tantôt, sous le prétexte de donner des conseils à un novice en ces matières, il causait avec lui si longtemps sous le couvercle de son pupitre, que le maître d'études arrivait et se livrait à un massacre général de ces vers à soie dont la race ne s'éteignait jamais ; tantôt Lagache, à l'aide de ses fausses clefs, pillait lui-même la marchandise qu'il avait vendue ; ou bien il secouait tellement le pupitre, que l'encre et les livres tombaient sur le dos des délicats insectes et les écrasaient.

Les vers à soie modèles étaient dans le pupitre de Lagache, qui montrait avec orgueil des animaux presque aussi gros que son petit doigt. Aussi ces beaux produits étaient-ils cotés à cinq sous la paire ; et il se passait rarement un jour que la société n'en vendît une couple, car il était impossible aux premiers acheteurs, ceux qui avaient acheté des œufs, de les voir arriver à cette prodigieuse croissance. Telle était l'industrie de Lagache, qui avait compté que la mauvaise nourriture, le manque de soins, la curiosité du maître d'études, la rapine au besoin, empêcheraient quiconque n'était pas affilié à la société de voir ses vers à soie réussir.

Le commerce ne s'arrêta pas là, quoiqu'un moment d'arrêt résultât quand le ver devint chrysalide : alors il n'était ni beau, ni aimable, ni actif ; mais Canivet, qui avait le génie de la mécanique, confectionna un petit tour pour dévider la soie, et ne put suffire aux nombreuses demandes qui lui arrivaient de toutes les classes. Depuis la huitième jusqu'à la cinquième, les pupitres furent convertis en filatures ; même les fabricants de Lyon eussent été surpris de l'immense activité que déployaient ces jeunes ouvriers.

Larmuzeaux fut la dernière victime des éleveurs de vers à soie. Bineau lui vendit deux livres de leurs déjections, lui persuadant qu'après avoir pilé ce crottin dans un mortier, on obtenait une poudre avec laquelle se fabriquait la plus jolie couleur verte pour écrire.

L'année 1830 se passa de la sorte, pleine de promesses pour l'avenir du collège, la fortune de M. Tassin et l'éducation des élèves. Bineau eut un prix de musique ; mais Lagache fut victime du favoritisme, car le principal, qui avait créé des prix de toutes sortes, oublia d'en fonder un pour l'élève des vers à soie.

IV

Arrivée du professeur Delteil. — Influence terrible d'un jeu de mots. — Dodin continue sa cuisine.

Près de la porte de Vaux se trouve une boutique décorée de l'enseigne :

A L'INSTAR DE PARIS,

Mesdemoiselles Carillon, marchandes de modes.

La devanture est divisée en deux montres, qui justifient maigrement l'enseigne.

Une des montres est occupée par une poupée de carton en buste, qui regarde les passants avec ses grands yeux bleu clair, et dont les cheveux sont cachés par une calotte de peau destinée à protéger les pointes des aiguilles. A côté de la poupée curieuse, quatre champignons en bois blanc, désolés de leur inutilité, semblent se resserrer en groupe afin de paraître plus nombreux et de protéger un de leurs compagnons moins paresseux qui porte sur son front un bonnet de femme, d'une forme coquette.

Un grand carton offre divers rouleaux de rubans à couleurs changeantes. Des pelotes de fil, des écheveaux de soie, des guirlandes de cordonnet complètent l'étalage.

L'autre montre est ornée de paquets de cordes à violon, d'une flûte traversière, et de diverses romances, dont la lithographie jaunie dénote une longue exhibition.

Ce magasin, tenu par les demoiselles Carillon, est plus connu à Laon sous le nom de « *boutique des trois cents hommes.* »

Peut-être n'a-t-il existé nulle part un jeu de mots dont les suites furent plus terribles. Pour en faire comprendre la portée, il est important d'expliquer que le magasin de la veuve Carillon rapportait, avant la révolution de Juillet, quelques bénéfices, qui passèrent en frais d'éducation de trois enfants adorés. Madame veuve Carillon envoya ses cadettes dans une maison religieuse de Soissons, leur fit donner des leçons de piano et de chant, et vers 1827 les rappela près d'elle. L'aînée, qui terminait son apprentissage de modiste à Reims, fut plus longtemps séparée de sa mère, malgré ses instances. Cependant elle dut revenir, la veuve étant dans un état de santé qui ne lui permettait plus de s'occuper de son commerce. Peu après, madame Carillon s'éteignit tranquillement, laissant pour héritage à ses filles son commerce de modes.

La pauvre veuve ne s'était pas doutée que les foires de village seraient tuées par les magasins qui s'établissaient dans les bourgs, que le commerce des bourgs serait anéanti par les marchands des petites villes, et qu'à son tour Paris ne ferait qu'une bouchée des chefs-lieux.

Les constructions de chemins vicinaux et de routes départementales, les immenses travaux que la voirie a exécutés depuis cinquante ans, l'exécution des grandes lignes de chemins de fer se seraient présentés à l'esprit d'un économiste qui eût regardé l'unique bonnet brodé et les cordes à violon garnissant si pauvrement la montre du magasin des demoiselles Carillon ; mais l'économie politique et le progrès industriel n'avaient jamais préoccupé la veuve.

Les filles de la marchande de modes arrivèrent successivement à l'âge de vingt-deux, vingt-neuf et trente et un ans, sans se marier.

Un jour on trouva sur les volets de la boutique des demoiselles Carillon ces mots écrits en gros caractères :

Magasin des trois-sans-hommes.

Ce mot fit fortune, et on eût bombardé Laon et ses habitants, que le mot serait resté.

L'auteur d'un calembour si cruel garda l'anonyme, non pas qu'il eût honte de sa création ; il en avait à peine conscience, ne se doutant pas de sa portée. Peut-être le mot fut-il écrit le matin par un gamin qui obéissait à un secret esprit malicieux et qui ne se souvint pas de son inscription cinq minutes après.

Le T. F. qu'on gravait jadis avec un fer rouge sur l'épaule des forçats était moins terrible que ce dénûment de maris dont les trois sœurs furent marquées. Le trait porta à dix lieues à la ronde, à Soissons, à Saint-Quentin, à Reims. Et ce ne fut pas un de ces mots spirituels qui durent un jour. Plus les demoiselles Carillon prenaient d'âge, plus la blessure s'envenimait, car la réalité se joignait au sarcasme ; et ces deux ennemis puissants n'eurent pas de peine à triompher du courage des marchandes de modes.

L'aînée, Sophie, en fit une maladie : elle avait trop d'intelligence pour ne pas sentir la profondeur de cette malignité. A la suite de sa maladie, tous les matins, à l'heure à laquelle elle avait vu les fatals mots écrits à la craie sur les volets de la boutique, elle fut prise de spasmes que la médecine a rangés dans l'immense famille de maux névralgiques.

Les trois sœurs aperçurent en même temps l'inscription, mademoiselle Carillon l'aînée, quoique accablée, ayant rapporté le volet dans la boutique. Caroline Carillon, la seconde, vint au secours de son aînée, tandis que la troisième, Berthe, qui était encore une enfant de quinze ans, regardait cette scène et ne voyait chez sa sœur qu'un malaise passager.

Seules, les deux aînées s'entendirent ; mais elles ne reparlèrent jamais de l'événement qui venait de troubler leur vie. Dès lors Sophie et Caroline se montrèrent rarement dans Laon : leur boutique les occupait médiocrement ; mais elles obtinrent des travaux de broderies pour une maison importante de Saint-Quentin. Ces travaux, quoique faiblement payés, augmentèrent toutefois leurs faibles ressources et leur permirent de ne pas rester dans l'inaction derrière les rideaux de mousseline, seule richesse de leur magasin ; car les trois sœurs brodaient comme des fées et se permettaient le luxe innocent de se dérober aux yeux des curieux derrière de splendides rideaux qu'une duchesse eût enviés.

Les demoiselles Carillon, qu'on rencontrait rarement dans la ville à moins qu'elles n'y fussent appelées, avaient d'ailleurs une qualité qui devient vice chez beaucoup de femmes : elles étaient grandes, surtout pour leur mince fortune. Aux grandes tailles, il faut des toilettes en harmonie avec ce qu'on appelle à Laon le « port de reine ; » peut-être leur tournure, qu'on eût admirée chez des filles riches, éloigna-t-elle plus d'un mari.

Les marchandes de modes se résignèrent à une vie presque cloîtrée ; elles sortaient quelquefois le soir, dans des toilettes d'une simplicité de nonne.

Berthe, la troisième, se soumit au même genre de vie, quoique différant essentiellement de ses sœurs par la couleur, la taille et les goûts. Petite, pétulante, malicieuse, elle fut toutefois également frappée de réprobation provinciale par ses cheveux d'un blond ardent.

Autant sont rares ces belles natures de chevelure, autant sont injustes les dénigrements bourgeois qui s'attaquent à la splendeur de cheveux à brillants reflets, fils du soleil. Aussi Sophie Carillon engagea-t-elle Berthe à se servir d'un peigne de plomb afin d'assourdir les chauds reflets de sa chevelure dorée. Le peigne de plomb est un remède innocent qui n'a jamais changé une rousse en brune. Berthe Carillon continua à montrer ses trésors sans en connaître la beauté et sans en recueillir de triomphe.

La maladie de l'aînée des marchandes de modes leur amena une sorte de société dans la personne du docteur Triballet, qui essaya, sans y parvenir, de guérir ces singulières tourmentes névralgiques. M. Triballet, ancien aide-major de régiment, retiré à Laon pour jouir de sa retraite, avait à lui seul l'étoffe de trois médecins, car il portait trois mentons ; mais il n'allait guère plus haut que le comptoir des demoiselles Carillon. Sorte de gros nain sanguin dont on pouvait craindre l'apoplexie à chaque pas, le docteur marchait difficilement, la bouche ouverte pour mieux souffler ; il aurait pu représenter Éole dans un ballet, car on entendait à vingt pas sa respiration.

Sa figure, d'un rouge vif, se faisait remarquer par deux gros yeux bleus étonnés, des cheveux bouclés et des favoris si particulièrement blancs, qu'ils semblaient deux flocons de neige dans un plat de fraises.

Malgré son souffle bruyant et la menace permanente d'un coup de sang, la physionomie de M. Triballet n'en était pas moins joyeuse à regarder, ainsi que celle de tous les hommes à grosse santé où le sang joue facilement sous la peau.

Le docteur ne comprit rien à la maladie de Sophie Carillon ; habitué au régiment à soigner des hommes avec des remèdes de chevaux, il se trouvait en présence d'un cas qui dépassait sa science.

Après avoir essayé des bains, de l'éther, de l'eau de fleur d'oranger, et conseillé à la malade de boire de l'eau ferrugineuse que donne la fontaine de Bruyères, un petit village des environs, M. Triballet se contenta d'assister tous les matins à l'accès de mademoiselle Carillon, et, pour remèdes, lui donna des paroles de consolation, ne voyant pas d'ailleurs d'aggravation dans ces crises régulières.

— Allons, mademoiselle, un peu de courage, disait-il aux premiers symptômes.

Mais la crise était plus forte que les paroles de M. Triballet, qui, pendant un quart d'heure, frappait dans les mains de la marchande de modes et l'aurait guérie par son souffle si un ouragan était bon en pareilles matières.

— Ah! s'écriait-il après l'accès, il y a du mieux... Bon, nous voilà remise. Pauvre demoiselle!... Vous ne souffrez plus, n'est-ce pas?... Désirez-vous quelque chose?

Pendant huit ans, le docteur ne manqua pas un matin à ce qu'il appelait sa visite, changea rarement un mot à ses paroles, et ne trouva rien de mieux à employer comme médicament ; mais il y avait tant de bonne volonté chez M. Triballet, une telle anxiété aux approches de la crise se faisait voir dans ses yeux, que Sophie Carillon lui pardonna son impuissance médicale. D'ailleurs il venait à double titre : à titre de médecin le matin, à titre d'ami l'après-midi.

Un jour, M. Triballet ne parut pas à l'heure accoutumée. Quand il arriva, les attaques de nerfs de mademoiselle Carillon avaient cessé.

— Humph ! dit-il en rencontrant Berthe qui balayait le pas de la porte, comment l'affaire s'est-elle passée ?... Non, ne me dites rien, je veux voir moi-même... Pourquoi n'étais-je pas là ?... Quel accident !

Mais la crise habituelle de la marchande de modes n'avait nullement augmentée en l'absence du docteur, qui se croyait indispensable.

— Ma chère demoiselle, pardonnez-moi, disait-il en roulant de gros yeux bleus remplis de supplications.

— Vous êtes tout pardonné d'avance, mon sieur Triballet.

— Si vous connaissiez les raisons qui m'ont empêché...

— Chacun a ses affaires, vous plus qu'un autre, docteur.

— Non, mademoiselle Sophie, je suis coupable, laissez-moi vous demander mon pardon.

— Ah! que vous êtes singulier, docteur!

— Humph! fit M. Triballet, dont l'énorme soupir ne peut se traduire que par cette onomatopée... Croyez-vous que vous m'avez tourmenté toute cette nuit?

— Moi? demanda mademoiselle Carillon.

— Vous-même, dit le médecin en soufflant comme s'il avait voulu faire envoler un souvenir désagréable. Vous me reprochiez votre maladie...

— Oh! jamais, croyez-le bien, docteur.

— Je sais, continua M. Triballet, c'était un rêve... Je ne crois pas aux rêves, et il me semble que les personnes qui y croient traduisent en sens contraire ce qui leur est apparu la nuit.

— Précisément, dit mademoiselle Carillon. Vous aviez rêvé que je vous reprochais ma maladie; cela veut dire combien je suis reconnaissante de vos bons soins.

— Humph! fit le docteur avec un soupir de satisfaction, est-ce bien vrai?

— Oui, bien vrai, car je vous serai toujours reconnaissante de votre dévouement si amical.

Après une longue conversation qui roulait presque tous les matins sur le même sujet, M. Triballet s'en retourna plein de contentement. Nulle part il n'avait trouvé une femme si prévenante, mieux disposée à se rendre agréable. L'aînée des demoiselles Carillon, quand elle était assise dans son comptoir, occupée à ses travaux de broderies, lui semblait plus belle qu'une princesse. En causant, elle montrait une intelligence qui semblait grandir par le contraste de la petite boutique où elle se trouvait ; l'aimable fille savait mettre sa conversation à la portée de M. Triballet, qui n'avait pas un grand fonds d'idées, ayant passé toute sa vie avec des camarades de garnison.

L'automne de 1831 marqua chez les demoiselles Carillon par l'arrivée d'un nouveau locataire : un événement pour ces existences tranquilles. De la rotonde de la voiture de Reims, qui s'arrête à l'hôtel du *Griffon,* sortit un petit homme maigre, dont la figure était sillonnée de rides creuses et singulières. Un sac de nuit, un paquet de livres formaient tout le bagage du voyageur, qui parut décontenancé de se sentir au milieu d'une rue relativement bruyante. A peine descendu de voiture, il jeta les yeux en l'air et aperçut à la devanture des demoiselles Carillon un écriteau qui annonçait une chambre de garçon à louer. L'aspect extérieur de la maison, quoiqu'elle fût nouvellement récrépie, n'annonçait pas un luxe immense. Sous la chaux se croisaient en X des poutres de construction ancienne. La montre du magasin de modes correspondait à la simplicité de la maison. Par hasard, Sophie Carillon, sur le pas de la boutique, regardant l'arrivée de la diligence, souriait à la petite fille du cordier qui demeure en face, et son sourire montrait un cœur pur.

Le voyageur, timidement, se dirigea vers elle et lui demanda si la chambre était toujours à louer. Sophie Carillon le fit entrer dans la boutique, prit le sac de nuit, et invita le petit homme à s'asseoir pendant qu'elle appelait Berthe,

— Monsieur va rester à Laon... quelque temps ? Il ne connaît sans doute pas la ville ?... Il est étranger ?

Telles furent les questions qui servirent à mademoiselle Carillon de début de conversation ; mais le voyageur y répondait vaguement, intimidé par la présence de deux femmes.

— Monsieur, dit Sophie, je ne peux vous offrir qu'une modeste chambre de quinze francs par mois.

— Cela me suffit, répondit l'étranger.

— Du reste, vous aurez bon air et une jolie vue sur la montagne de Vaux qui est très animée.

— Suis-je loin du collège, madame ?

— La ville est courte, monsieur ; en dix minutes, sans vous presser, vous pouvez vous rendre au collège.

— Je loue, dit le petit homme maigre.

— Mais, monsieur, vous n'avez pas vu la chambre ; elle pourrait ne pas vous convenir.

— Je loue.

— Sous quel nom faudra-t-il inscrire monsieur sur le registre ?

— Delteil, régent de septième au collège.

— Ah ! monsieur est professeur, dit Sophie Carillon. Nous avons un collège important. Les élèves sont en uniforme ; ils ont des tambours.

— Des tambours ! s'écria M. Delteil.

— Et une musique !

— Une musique ! reprit le professeur.

— Très jolie ; tout Laon se met sur la porte pour l'entendre.

— Une musique, des tambours ! répéta M. Delteil comme s'il avait été frappé par une nouvelle bizarre.

— Vous serez ici à votre aise, dit Sophie Carillon. Sur la place il y a une table d'hôte, au principal hôtel de la ville, à *la Hure,* où descendent les étrangers et les commis-voyageurs.

— Non, répondit brusquement M. Delteil.

— Préférez-vous *la Bannière,* reprit la marchande de modes ; mais je ne connais pas la nature des personnes qui y prennent leurs repas. Je conseillerai plutôt à monsieur d'aller en face, *au Griffon,* tenu par d'honnêtes gens ; on y est servi avec propreté.

— Je suis fatigué, dit M. Delteil, je me reposerais volontiers si la chambre était prête.

— Conduis monsieur à la chambre jaune, dit Sophie à Berthe. Tout est en ordre, n'est-ce pas ?

— Oui, ma sœur.

Berthe s'offrit à prendre le paquet de M. Delteil ; mais celui-ci ne voulut pas y consentir.

A peine le professeur fut-il seul dans la chambre qu'il ouvrit son sac de nuit et en tira un petit pain et un papier soigneusement plié, contenant un morceau de chocolat. Il prit également un livre, le posa sur sa table et mangea pendant qu'il lisait ; mais quoique son repas ne fût pas long, M. Delteil l'interrompit à trois reprises pour consulter un paquet énorme de papiers jaunis, qu'il remuait comme pour y faire des recherches. La collation terminée, le professeur poussa un soupir de béatitude semblable à celui d'un gourmet; en même temps il disposait sur la commode et dans les tiroirs les objets contenus dans son maigre sac de nuit.

C'étaient deux chemises, du fil, des aiguilles, des plumes, un encrier et divers papiers, qu'il rangea précieusement.

— Nous avons un locataire, dit le soir d'un air de joie Sophie Carillon à M. Triballet.

— Humph ! s'écria le médecin, qui semblait comprendre l'importance de cette nouvelle. Un jeune homme ? demanda-t-il en s'emparant des ciseaux qui étaient sur le comptoir.

— Pas précisément, docteur ; c'est un homme âgé, professeur au collège.

— Je vous en félicite, mademoiselle Sophie ; voilà un bon locataire.

— Certainement il ne fera pas de bruit, dit-elle; il a l'air d'un savant... Pardon, docteur, si je vous redemande mes ciseaux.

M. Triballet avait la manie de s'emparer de chaque paire de ciseaux à sa portée; il ne pouvait s'asseoir cinq minutes sans couper une mèche de ses longs cheveux : cette opération, répétée à tout instant, le dispensait d'avoir recours à l'art du coiffeur, en même temps qu'elle semblait faciliter sa conversation.

— J'ai un projet, monsieur Triballet, reprit l'aînée des sœurs, et j'aurai besoin de vos conseils.

— Trop heureux, dit le médecin en s'emparant de nouveau des ciseaux qui étaient sur le comptoir et en s'en servant de la main gauche pour couper ses cheveux.

— Je vous ai parlé souvent du fils de mon ancienne patronne de Reims, qui me l'a instamment recommandé à son lit de mort; le voilà bientôt âgé de dix ans. Ne serait-il pas temps de le faire entrer au collège ?

— Monsieur Triballet, les ciseaux, s'il vous plaît, demanda Berthe Carillon.

— Voilà, mademoiselle. Ne m'avez-vous pas dit que cet enfant était orphelin ?

— Hélas ! le pauvre Charles-Marie n'a plus ni père ni mère, et je me repens souvent de ne l'avoir pas élevé à la maison ; mais il est chez une brave femme, sa nourrice, qui ne veut pas s'en séparer, tant il est gentil. Mon projet est de lui faire donner de l'instruction. Si vous saviez comme il est bon et beau ! Il comprend tout, presque sans apprendre. Charles-Marie m'écrit une fois par semaine, et il n'a jamais étudié que dans une pauvre école de village.

— Humph ! fit M. Triballet, le latin, le grec, cela s'apprend au collège, certainement...

— Qu'en pensez-vous, docteur ?

— De mon temps, dit-il, on n'enseignait pas tant de choses et les enfants ne s'en trouvaient pas plus mal.

— Pensez-vous que d'aussi longues études puissent fatiguer ? Je ne mettrais pas Charles-Marie au collège.

— Je n'ai pas dit cela précisément.

— Est-ce que vous croyez, docteur, que des enfants soient tombés malades par trop d'application à l'étude ?

— Non, je ne crois pas ; tenez, je ne peux rien

vous dire là-dessus, je ne me connais pas en latin.

— L'arrivée de notre nouveau locataire m'a remis ces idées en tête, dit Sophie Carillon, et je voulais avoir votre conseil pour lui en parler.

— C'est l'affaire du professeur, moi je n'y entends rien... Quand il aura tué de latin l'orphelin auquel vous vous intéressez, vous m'appellerez...

— Tuer! dit Sophie, mais j'aime mieux que Charles-Marie n'apprenne rien, qu'il coure les champs à sa fantaisie.

— Docteur, dit Berthe, vous êtes insupportable, rendez-moi mes ciseaux.

M. Triballet chercha les ciseaux et ne les trouva pas.

— Je gage qu'ils sont dans vos cheveux, dit Berthe.

M. Triballet avait l'habitude, lorsqu'il s'était servi des ciseaux, de les loger derrière son oreille, où son épaisse chevelure les retenait, et il rentrait chez lui sans penser à ce singulier ornement. Le lendemain, sa gouvernante, qui trouvait une paire de ciseaux étrangère sur la table de nuit, lui demandait où il les avait pris. M. Triballet ne se rappelait jamais. Alors la servante lui faisait dire les maisons où il avait passé la soirée, et elle courait de porte en porte, demandant si une paire de ciseaux n'était pas égarée depuis la veille.

— Je finirai par vous faire perdre cette manie, dit Berthe, qui ne se gênait pas avec le docteur.

— Ma sœur! dit Sophie Carillon d'un ton de doux reproche.

— Mesdemoiselles, demanda le médecin, allons faire un petit tour.

— Avec plaisir, monsieur Triballet, dit Sophie, qui depuis cinq ans ne manquait pas sa promenade du soir en compagnie de Berthe et du docteur, pendant que Caroline gardait le magasin.

En face de la boutique des marchandes de modes est une ancienne porte attenante à l'hôtel du *Griffon,* qui sert de passage public ; de là on longe les remparts qui mènent à la promenade Saint-Just, sans traverser la ville. Sophie Carillon aimait cette promenade peu fréquentée. Le voisinage du cimetière en éloigne les bourgeois ; à peine aperçoit-on vers le soir quelque clerc de notaire qui reconduit une jeune couturière au sortir de sa besogne.

Sophie Carillon aimait la tranquillité de cette promenade; et comme M. Triballet ne soignait pas de malades, il pouvait passer auprès du cimetière sans remords. Il donnait le bras à l'aînée des marchandes de modes; Berthe courait devant eux, s'amusant comme un enfant et poussant la malice jusqu'à regarder sous le nez les amoureux qui se croyaient enveloppés par la nuit. Grâce à Berthe, les demoiselles Carillon savaient tout ce qui intéresse la jeunesse de la ville. Ne fréquentant personne, elles trouvaient ainsi quelque distraction à la monotonie de leur vie. Comme toutes les femmes, elles s'intéressaient extrêmement à l'état des cœurs; et Berthe, avec sa vue perçante, ne pouvait laisser passer un couple mystérieux sans y attacher un nom, ce qui provoquait dans la soirée une causerie innocente. En joignant à ces amourettes les nouvelles de mariages qu'apportait M. Triballet, il était facile de se rendre compte de Laon amoureux et matrimonial.

M. Triballet, aussitôt après la promenade, allait rendre visite à quelques anciens amis, et les trois sœurs étaient libres de se livrer à leurs petits propos.

Quand les marchandes de modes eurent assez discuté sur les amourettes et les mariages de la ville, Sophie annonça qu'elle partirait le lendemain pour Vervins, suivant son habitude de chaque semaine, mais qu'elle ramènerait son Charles-Marie.

Pendant l'absence de son aînée, Berthe, en passant dans le corridor, vit M. Delteil qui avait ouvert sa porte et mettait sa toilette en ordre. Il était en manches de chemise, et son large habit noir enlevé ne servait plus à cacher la chétiveté de son petit buste ; le bras dans la tige d'une vieille botte, il s'efforçait de lui rendre un peu du brillant des anciens jours, à l'aide d'une brosse dont les crins avaient dû servir à plusieurs générations. Les cheveux gris du professeur étaient entremêlés comme à plaisir et tombaient sur ses yeux. Quoiqu'il eût le teint jaune et que sa peau ressemblât à un cuir rempli d'accidents, Berthe s'aperçut que M. Delteil rougissait d'avoir été surpris dans de telles basses fonctions. Il fit deux pas pour rentrer dans sa chambre, espérant que peut-être la jeune fille ne l'avait pas vu.

— Mais, monsieur, dit Berthe, il ne faut pas vous donner une semblable peine; si vous laissiez vos bottes à la porte le soir, vous les trouveriez nettoyées de grand matin.

— Merci, mademoiselle, vous êtes trop bonne, dit M. Delteil ; cette besogne me donne de l'exercice.

Et il rentra chez lui pour continuer sa toilette. Avec la même brosse qui avait servi aux bottes, il fit mine d'enlever la poussière de son habit ; mais la poussière dédaignait d'entrer dans cette étoffe luisante qui avait été du drap dans le principe, qui était devenue du lasting dans la vieillesse, et qui maintenant semblait tissée par une araignée. L'habit reluisait réellement plus que les bottes, sauf les coudes blanchis par les années. M. Delteil prit sur la cheminée une bouteille d'encre, mit son pouce à la place du bouchon et passa délicatement une légère couche de noir à l'endroit des coudes. Etant entré dans ses grandes bottes solides qui semblaient provenir d'un fournisseur de chaussures de cavalerie, il alla vers la table, où était pendu un petit linge blanc qu'il tâta du doigt ; le linge était mouillé. En y réfléchissant, M. Delteil déploya sur son lit la cravate blanche qu'il portait à son arrivée, et la retourna avec précaution en sens contraire, ayant soin de dissimuler les lignes jaunâtres qu'un long usage avait dessinées sur la blancheur du calicot.

Avec un extrême sérieux le vieux professeur se regarda longtemps dans un petit morceau de glace qui faisait partie de son bagage, et s'aperçut que sa barbe avait poussé demesurément. Alors il déploya un fragment de journal qui contenait un rasoir, une savonnette, un pot de pommade ébréché et un morceau de savon. Le rasoir était réellement un prodige, tant une main prudente avait veillé à sa conservation. Il offrait autant de rattaches qu'un plat de Palissy dont un amateur enthousiaste désire l'éternité ; mais ces rattaches en fil de fer étaient exécutées avec une telle naïveté qu'un propriétaire seul pouvait les avoir exécutées. Quant à la lame du rasoir, étroite comme un trou de souris, elle avait dû user plus d'une meule.

M. Delteil, ayant préparé les objets nécessaires à l'importante opération de la barbe, trempa les cinq poils de la savonnette dans quelques râclures de savon qu'il avait taillées avec modération, et le rasoir commença son office de fine lame :

car il n'était pas facile de chasser les poils qui se logeaient dans les ravins de cette figure dont la peau ridée offrait quelque ressemblance avec le chagrin des reliures. Enfin la toilette faite au grand contentement du professeur qui avait un absolu mépris de ces misérables détails, il se regarda des pieds à la tête avec le secret contentement d'un homme élégant, et sortit la tête un peu moins courbée que d'habitude.

La porte de derrière de la maison des demoiselles Carillon donne près de l'hôtel de ville, auquel on arrive par une sombre voûte qui sert de communication aux habitants des remparts. M. Delteil ayant entendu de vifs éclats de voix sous cette voûte, s'approcha pour demander le chemin du collège.

Une douzaine d'enfants, les uns habillés de blouses, les autres en uniforme, étaient occupés à jouer aux billes. Le silence se fit d'abord quand le vieux professeur apparut sous la voûte; mais la présence d'un être en habit noir et en cravate blanche leur sembla si étrange qu'ils poussèrent un cri formidable. M. Delteil fut tout d'abord étourdi, ne se rendant pas compte de la signification qu'il devait tirer de ce cri. Il assura, par un geste qui lui était familier, ses grandes lunettes d'acier sur son nez, et fit quelques pas vers les galopins : un second cri poussé par toute la bande le cloua à sa place. Dans sa timidité le professeur ne sut s'il devait rétrograder par les remparts ou franchir cette voûte ; cependant il fallait prendre un parti. A peu près assuré de distinguer des élèves du collège dans le groupe, M. Delteil marcha droit à eux ; mais les gamins, dans la crainte d'un châtiment que le vieillard voulait tirer d'eux, prirent la fuite comme une volée de pigeons, remplissant la place de l'hôtel de ville de cris goguenards, et montrant au doigt le professeur.

M. Delteil baissa la tête sans se rendre compte du scandale que sa présence occasionnait, et continua sa marche en faisant des réflexions sur la nature agressive des enfants de Laon. Quoique le système des rues soit peu compliqué, le professeur fit trois fois le chemin du collège et eut le malheur, en dernier ressort, de s'adresser à M. Tanton, qui était assis devant sa pension, pour lui demander l'adresse de M. Tassin. Le maître d'écriture, devinant un attaché du collège, confirma par son ton M. Delteil dans l'idée qu'il habitait un pays peu civilisé. Sa visite au principal ne changea pas ses opinions.

M. Tassin, enivré par une fortune récente, traita de haut le vieux professeur ; sa tenue, son air embarrassé blessaient le principal, qui aimait les belles manières. M. Delteil ne semblait pas homme à représenter dignement le professorat. Son extérieur montrait trop la gêne.

Cependant, ayant interrogé M. Delteil sur divers points :

— Donnez-vous des répétitions au collège d'Angoulême ? lui demanda M. Tassin.

— Non, monsieur le principal.

— Il faut vous préoccuper d'en trouver cette année.

— Monsieur le principal, je vous remercie ; mon temps est pris en dehors des classes.

— Que faites-vous donc ? demanda d'un air blessé M. Tassin.

— Je travaille depuis quatorze ans à un grand dictionnaire de la langue grecque.

— Cela suffit, monsieur, dit M. Tassin en se levant pour indiquer au vieux professeur que l'entretien était terminé.

Par cette courte conversation, M. Delteil venait

de se créer un ennemi dans la personne de son supérieur. La question des répétitions est importante dans la vie des professeurs, qui trouvent seulement ainsi une augmentation à leurs faibles appointements. M. Tassin avait organisé sur une vaste échelle le système des répétitions, faisant croire aux parents des élèves que de là surtout dépendait une parfaite action universitaire : ce n'était pas tout à fait l'intérêt des élèves qui l'y poussait, non plus que celui des professeurs, car le principal avait soin de se réserver un quart sur ces répétitions ; mais, voyant l'extrême pénurie des habits de M. Delteil, préoccupé dans sa propre vanité de lui faire faire meilleure figure, M. Tassin n'admettait pas qu'on pût refuser le supplément de traitement dont en même temps une partie lui revenait. Que lui importait la rédaction de ce dictionnaire grec auquel M. Delteil passait tout son temps !

Le pauvre professeur, sans soupçonner ces maquignonnages en matière d'éducation, se prit en chemin à regretter d'avoir quitté le collège d'Angoulême, où il vivait obscurément, sans être contrarié dans ses goûts ; mais cette ombre se dissipa vite.

Le lendemain, surpris d'entendre dans le corridor la voix claire de Berthe qui lui demandait la permission d'entrer, M. Delteil quitta brusquement ses travaux, serra dans un coin les traces de son frugal déjeuner et ouvrit la porte.

— Monsieur, dit Berthe, ma sœur désirerait vous parler.

— Je vais descendre, mademoiselle.

— Ne vous donnez pas cette peine, dit Berthe ; Sophie va monter, si cela ne vous dérange pas.

M. Delteil n'aimait pas qu'on pénétrât dans son intérieur, car la pauvreté laisse partout sa trace. Cependant la douce physionomie des trois sœurs n'avait pas peu contribué à lui faire faire le choix de la maison, en descendant de diligence ; et, quoique Berthe s'en défendît, il la suivit pour se rendre aux désirs de la marchande de modes.

— Je vous demande pardon, monsieur, dit Sophie en faisant entrer M. Delteil dans l'arrière-boutique, je voulais vous présenter mon petit Charles-Marie.

— Qu'il est gentil ! s'écria avec enthousiasme le vieux savant.

Par cette exclamation, M. Delteil se rappelait ses heureux jours d'enfance, les petits bonheurs qui se renouvellent sans cesse, les grands chagrins si courts, les amours de soleil et de verdure. Lui qui avait aujourd'hui de rares cheveux gris, jadis une longue chevelure blonde flottait sur ses épaules. L'étude, le chagrin, les veilles avaient changé sa peau en un vieux cuir couturé de rides; le travail creusa ses joues ; les lectures de nuit jetèrent un voile sur ses yeux, qui ne supportaient plus la lumière qu'à travers de larges conserves ; la moindre variation de l'atmosphère tourmentait ses frêles membres, autrefois souples comme le roseau. Au lieu d'habits de jolies couleurs, il enfermait maintenant son corps dans la couleur de la science, noire et aride.

— Que cet enfant a l'air bon ! s'écria de nouveau le vieux professeur.

— N'est-ce pas, monsieur ? demanda Sophie, orgueilleuse de ces compliments.

— Comment s'appelle-t-il ?

— Charles-Marie. Va, mon ami, lui dit-elle, embrasser M. Delteil.

L'enfant d'un bond s'élança dans les bras du vieux professeur, qui lui témoignait une amitié de père.

— Est-ce que tu veux devenir bien savant ? demanda M. Delteil.

— Oui, monsieur.

— Quel âge a-t-il ?

— Dix ans, dit Charles-Marie.

— Nous en ferons quelque chose, reprit le professeur. Que sait-il ?

— Lire et écrire, dit Sophie, voilà tout ; seulement, il met l'orthographe, presque sans avoir appris. Il lit beaucoup.

— Ah ! s'écria M. Delteil enthousiasmé, il aime à lire !

— Monsieur le curé de Vervins en était très satisfait, reprit Sophie ; l'enfant a dévoré la moitié de sa bibliothèque depuis qu'il sait lire. J'aurais bien attendu encore un an avant de lui faire commencer le latin ; mais j'aime tant mon petit Charles-Marie, que j'ai voulu l'avoir à la maison. Monsieur, ajouta-t-elle en s'adressant au vieux professeur, c'est une fête pour nous que l'arrivée de l'enfant, j'ose à peine vous prier de partager notre modeste dîner.

— Oh ! mademoiselle, fit M. Delteil avec embarras, c'est moi qui suis honteux de votre invitation... Je n'ai pas l'habitude du monde.

— Vous nous feriez tant de plaisir, monsieur. Nous serons entre nous ; ce n'est pas un dîner de cérémonie, croyez-le.

— C'est que..., mademoiselle.

— Dites oui, monsieur, je vous en prie.

A peu près contraint d'accepter :

— Eh bien, dit M. Delteil, mademoiselle, il le faut, sous peine de passer pour bizarre ; mais vous ne vous réjouirez pas de ma présence. Un dîner n'est guère la place d'un homme qui a du grec plein la tête ; enfin...

— Merci oui, alors ? demanda Sophie.

M. Delteil fit un léger signe de tête.

— Berthe, dit Sophie, va prier mademoiselle Dodin de laisser venir dîner à la maison son fils; tu lui diras que Charles-Marie est arrivé ; les deux petits garçons s'amuseront ensemble.

Berthe prit l'enfant par la main, et sa gentillesse le fit remarquer des boutiquiers de la ville. Ils arrivèrent ainsi à la demeure de mademoiselle Dodin, qui, par sa profession de couturière, avait quelques relations avec les marchandes de modes.

Quand Berthe entra avec Charles-Marie, le petit Dodin, assis sur un haut tabouret près du fourneau, suivait avec un intérêt marqué la fumée qui sortait d'une casserole de cuivre. Il pinçait la bouche, et les ailes de son nez s'ouvraient frémissantes pour mieux accaparer une odeur de lard grillé qui remplissait l'appartement. L'invitation à dîner remplit Dodin de joie, et il serait parti immédiatement, s'il n'eût attendu la réussite de petits morceaux de lard rissolés dans le beurre, qu'on appelle des *lardons*.

— Il est gourmand comme pas un, dit mademoiselle Dodin avec un sourire qui montrait combien elle était faible pour son fils.

Cependant, les *lardons* mangés, Dodin fit connaissance avec son nouveau compagnon, et l'emmena jouer sur la promenade voisine du magasin des sœurs Carillon.

Le dîner se passa à merveille pour M. Delteil, quoiqu'il fût aussi embarrassé en face des marchandes de modes que s'il eût été assis à table entre des princesses. Si les trois sœurs n'eussent veillé constamment à le servir, il serait resté sur sa chaise sans mot dire.

Heureusement Dodin rompait le silence en demandant des explications à chaque plat.

— Y aura-t-il de la charlotte? s'écria-t-il tout coup.

— Non, dit Sophie en riant.

— Maman la fait si bien ! s'écria Dodin en passant sa langue sur ses lèvres.

— Je ne sais pas faire la charlotte, dit Sophie.

Dodin se recueillit, prit un air grave, et débita d'un ton magistral :

— Pelez et épluchez vingt pommes de reinette que vous coupez par morceaux, mettez-les dans une casserole où vous avez fait fondre un morceau de beurre, et ajoutez du sucre et de la cannelle ; faites feu dessus et dessous. En les remuant légèrement, les pommes ne s'attacheront pas ; quand elles seront fondues, passez-les en purée et faites un peu réduire sur le feu sans laisser attacher.

— Mais tu nous récites la *Cuisinière bourgeoise*, dit Berthe.

— Attendez un peu, continua Dodin : taillez des croûtons de pain en forme de cœur, dont vous garnissez le fond d'un moule sans qu'il y ait de jour entre la pointe des cœurs au centre ; garnissez aussi de croûtons le tour.

— Serait-ce un élève du collège ? demanda M. Delteil à Sophie.

— Oui, monsieur, dit-elle, il va entrer en septième.

M. Delteil poussa un profond soupir pendant que Dodin reprenait avec la même gravité :

— Tous ces croûtons se trempent dans du beurre fondu. Placez votre marmelade dedans par lits, et ajoutez entre chaque lit une légère couche de marmelade d'abricots.

Ici Dodin s'arrêta.

— Enfin, c'est fini, dit Sophie. Cela t'amuse ? demanda-t-elle à Charles-Marie, qui riait de cette singulière leçon.

Pour Dodin, il paraissait inquiet, répétant à voix basse et à diverses reprises :

— Une légère couche de marmelade d'abricots...

Sans s'inquiéter de ce qui se passait autour de lui, il reprit de nouveau :

— Ajoutez entre chaque lit une légère couche de marmelade d'abricots.

— Abricots! s'écria M. Delteil.

— Abricots, abricots! disait Charles-Marie en frappant les mains l'une contre l'autre.

— A....bri....cots, reprit Dodin se grattant le bout du nez.

— Allons, dépêche-toi, marchand d'abricots, dit Berthe à Dodin.

— Ah! s'écria-t-il en poussant un cri de joie, je ne me rappelais plus... Recouvrez la marmelade de tranches de pain très minces, et faites cuire avec feu dessus et dessous : vingt minutes suffisent pour prendre couleur; renversez sur le plat et servez chaud.

Ayant fini, Dodin regarda l'assemblée comme pour quêter des applaudissements. M. Delteil ouvrit de grands yeux derrière ses grandes lunettes; Caroline et Sophie souriaient de l'étonnement de leur hôte, et Berthe, passant sa langue sur les lèvres, faisait mine de goûter à cette appétissante charlotte d'une recette si merveilleuse. Dodin se méprit sur l'état des esprits, et crut qu'il n'avait pas déployé suffisamment d'éloquence.

— Pour la charlotte russe aux pommes, supérieure encore à la charlotte ordinaire, dit-il, on dispose des biscuits de la même façon, après avoir fait cuire des pommes au beurre...

— Assez, mon ami, nous sommes édifiés, dit Caroline Carillon.

— Je sais aussi, continua Dodin, les diverses façons d'accommoder les œufs.

— Cela est suffisant, mon petit ami, nous savons faire cuire les œufs, dit Caroline.

— A la rentrée des classes, reprit Dodin, j'apprendrai par cœur les potages.

M. Delteil sauta sur sa chaise.

— Et puis après, le bœuf, continua Dodin ; maman dit qu'il faut suivre par ordre le livre de cuisine, pour exercer la mémoire.

— Je ne vous conseillerai pas, disait M. Delteil à Sophie, de laisser trop fréquenter Charles-Marie par ce petit... marmiton.

— Il n'est pas méchant, dit Sophie, mais sa mère le gâte.

— Au moins, demanda Berthe, qui s'amusait de Dodin, sais-tu faire les crêpes ?

— De trois manières, dit Dodin avec orgueil... Je vais vous réciter le façon de faire les crêpes anglaises.

— Plus tard, fit Berthe.

— Ou les crêpes polonaises, s'écria Dodin.

— Aimes-tu les crêpes ? demanda Berthe à Charles-Marie.

— Oui, dit-il.

— Eh bien, nous en ferons tout à l'heure, dit Berthe.

En ce moment on entendit la sonnette de la porte de la boutique.

— Voilà M. Triballet, s'écria Sophie Carillon. Cher docteur, arrivez vite, nous allons faire des crêpes.

— Humph ! Lourde la crêpe ! fit le médecin en promenant ses gros yeux sur l'assemblée.

— J'aurais bien voulu vous avoir, mon bon docteur, dit Sophie ; mais je savais que c'était votre jour de dîner chez mademoiselle votre sœur. J'ai l'honneur, continua-t-elle, de vous présenter M. Delteil, professeur au collège.

Les deux hommes se saluèrent, tous deux un peu gênés.

— Et voici Charles-Marie, dont je vous parlais dernièrement... Eh bien, vous ne l'embrassez pas ?

M. Triballet frotta ses joues contre celles du petit garçon.

— Qu'y a-t-il de neuf ? demanda Sophie au docteur.

— Je vais faire arracher mes vignes, dit M. Triballet. La vigne ne rapporte rien sur la montagne ; l'entretien, les frais de transport me coûtent les yeux de la tête, et mon jardinier me conseille de planter des asperges.

En entendant parler d'asperges, le petit Dodin dressa les oreilles.

— Sais-tu les accommoder ? lui demanda Berthe que les discours culinaires du fils de la couturière égayaient.

— Les asperges sont à l'article légumes, débita Dodin, et je n'en suis pas encore là.

— Faisons des crêpes, dit Berthe.

— Oui ! s'écria Dodin.

— Monsieur va donc apprendre le latin à ce petit garçon ? disait M. Triballet à M. Delteil.

Le docteur souffla avec effort et ajouta :

— Enseignement pénible.

— Quand les enfants sont doux, répondit le professeur.....

— Je n'aurais jamais pu, dit M. Triballet ; même la boutique d'un pharmacien, avec ses étiquettes en *us*, me trouble la tête. Au régiment, jamais je n'ai donné à mes soldats, de ces drogues. Bien sot celui qui s'imagine guérir avec du latin ! Si j'avais un fils, j'aimerais mieux qu'il ne sût rien que de lui remplir le cerveau de mots inutiles.

— Cependant, monsieur, disait M. Delteil, la botanique a latinisé les herbes et les plantes.

— La botanique ! fit le docteur en soufflant. Je vais dans un bois, je cueille des plantes, cela suffit. L'infusion serait-elle meilleure avec un mot barbare sur la bouteille ?

— Mais, dit timidement M. Delteil, on ne peut aujourd'hui étudier la botanique sans connaître le latin.

— Bah ! bah ! s'écria M. Triballet, s'échauffant à la discussion, je ne suis pas de l'avis de ces petits bourgeois, ces marchands, ces ouvriers, qui mettent leurs fils au collège. Est-il besoin qu'un avocat parle latin, un notaire grec... Ce sont les pédants qui...

— Docteur, dit Sophie en le prenant par le bras pour délivrer M. Delteil, ne vous emportez pas ; tenez, vous avez le sang à la tête.

— Ah ! je tenais à lui dire son affaire, à votre professeur.

— J'espère, dit Sophie, que vous ne lui avez pas été désagréable.

— Je n'aime pas ces hommes habillés de noir. Est-il assez maigre et jaune ! C'est le latin qui l'a mis dans cet état.

— Ne soyez pas injuste, docteur, vous si bon ordinairement.

— Aussi pourquoi embarbouiller de science cet orphelin ? Faites-lui apprendre une bonne profession.

M. Delteil, terrifié par l'attaque de M. Triballet, s'était réfugié dans un coin de l'appartement, où il fut rejoint par Charles-Marie, qui sauta sur ses genoux et caressa le vieux professeur comme s'il eût voulu lui faire oublier cette discussion. Pendant ce temps Caroline Carillon desservait la table, et Berthe, suivie de Dodin, était allée chercher les diverses matières qui entrent dans la composition des crêpes.

— Je vous prie, docteur, disait Sophie, soyez bienveillant pour M. Delteil, c'est une excellente nature.

— Bah ! vous donnez vos qualités à tout le monde ; vous connaissez à peine cet homme, il arrive d'hier et vous vous jetez à sa tête.

— On voit sur sa figure combien il est bon.

— Un étranger !

— Qui pour vous ne le sera plus demain.

— Je m'en vais, dit le docteur.

— Comment, s'écria Sophie, vous nous quittez !...

— Mon chapeau, où est ma canne ? disait le médecin furetant dans les coins de la salle à manger.

— Ah ! monsieur Triballet, c'est mal de nous quitter ainsi.

— Qu'as-tu ? dit Caroline, qui vit poindre une ombre de chagrin sur les traits de sa sœur.

M. Triballet avait retrouvé sa canne et ouvrait la porte de la salle à manger.

— Vous avez un air singulier, docteur, dit Caroline en courant après lui dans la boutique.

— Humph ! fit-il en grommelant.

— Seriez-vous indisposé ?

— Non, dit le docteur ; votre sœur !...

Et il sortit brusquement.

— Voilà de quoi faire des crêpes, dit Berthe, qui rentrait, suivie de Dodin qu'elle avait habillé en cuisinier... Et M. Triballet ? demanda-t-elle.

— Il est parti, dit Caroline.

— Déjà ! dit Berthe ; le docteur n'a pas voulu attendre les crêpes ?...

— Une cuillerée d'eau-de-vie, une bonne pincée de sel, une cuillerée d'huile, deux de fleur d'oranger, moitié eau et lait pour l'éclaircir et lui donner la consistance d'une bouillie, débita gravement Dodin.

— Très bien, dit Berthe, j'obéis à vos ordres, monsieur le cuisinier.

— Cette pâte, continua Dodin, doit être préparée trois ou quatre heures d'avance.

— C'est trop long, dit Berthe, nous ne mangerions pas de crêpes aujourd'hui.

— Allumez un feu clair de menu bois, fit Dodin.

— Puisque tu es si malin, reprit Berthe, tu vas tenir la queue de la poêle.

La soirée se passa joyeuse, égayée par la maladresse de Dodin, qui, accoutumé à faire sa cuisine dans un pupitre, perdait la tête une poêle en main. Après avoir jeté diverses crêpes dans les cendres il fut déclaré mauvais praticien et cuisinier de l'école des perroquets.

Charles-Marie écoutait ces propos, à la fois souriant et réfléchi. Il parlait rarement ; mais ses yeux parlaient pour lui. L'orphelin avait trouvé une famille, des parentes dans l'amitié des marchandes de modes ; aussi Sophie puisait une nouvelle vie depuis l'arrivée de Charles-

Marie. Elle était fière de l'attention avec laquelle le vieux professeur regardait son futur élève. Quels singuliers courants chargés de tendresses peuvent s'établir entre un vieillard et un enfant !

A onze heures du soir, M. Delteil étonné d'avoir oublié de travailler à son dictionnaire, remonta précipitamment chez lui, trouvant ses hôtesses aimables, mais se reprochant de s'être laissé entraîner à des plaisirs que la science repousse.

V

Histoire singulière d'un crocodile. — M. Bineau père en devient journaliste.

Le lendemain eut lieu la rentrée des classes. M. Tassin tint divers discours aux professeurs, aux pensionnaires, aux externes, aux musiciens. L'importance du principal avait doublé pendant les vacances ; le succès l'enivrait. Il créa un tambour-major. Ce fut Larmuzeaux qui fut élevé à cette dignité.

Après avoir élevé des vers à soie et des grenouilles, Larmuzeaux se laissa persuader de marcher en tête du collège, tout galonné d'or ; mais Larmuzeaux fut un tambour-major mélancolique. Sa figure maigre et blafarde disparut sous les poils d'un énorme colback, dissimulant les grandes oreilles plates qui jadis s'étalaient outrageusement sur le chapeau à cornes. Au lieu de porter la tête haute, Larmuzeaux la tenait baissée, ayant l'air de chasser un trésor avec sa canne à glands.

Les débuts du tambour-major ne furent pas heureux. Le petit Bineau appliqua sur son bel habit doré une grosse souris blanche à la craie. Larmuzeaux traversa ainsi la ville, suivi d'une troupe de galopins qui se moquaient de lui en l'accompagnant au bruit de morceaux d'assiettes dont ils jouaient avec l'agilité de danseurs espagnols. Ainsi Bineau, qui avait été nommé caporal de la fanfare, ternissait l'éclat de ses galons par une action déplacée ; mais, en dehors de la musique, Bineau ne respectait rien. A peine tolérait-il les penchants industriels de Lagache, l'art culinaire de Dodin, l'intelligence de son ami Canivet et les dessins de Cucquigny.

M. Delteil eut toute la bande sous sa direction ; c'étaient les têtes fortes de la classe. Les autres étaient de lourds paysans qui, sortis du collège, devaient faire de l'agriculture et succéder à leurs pères.

M. Delteil ayant rangé ses élèves sur une seule ligne, les passa en revue un à un et prit leurs noms. La première huitaine fut consacrée à se reconnaître. Les élèves tâtaient leur maître plutôt que le maître n'étudiait ses élèves. C'est à la rentrée des classes que chaque professeur, armé pour le long combat qui dure un an, doit se rendre compte si l'élément bon est supérieur à l'élément mauvais, et réserver toute son attention pour les minorités qui peuvent devenir des majorités dangereuses. L'indiscipline se gagne comme la fièvre et couve comme le feu.

Vingt années d'enseignement n'avaient pas formé M. Delteil, qui était le même à son arrivée au collège de Laon que quand il entra dans l'Université. Il connaissait ses élèves à la longue, des rapports journaliers le faisant se rencontrer avec eux ; mais il ne les devinait pas et n'apportait ni méthode ni tactique dans son enseignement. Le grand Dictionnaire grec avait tellement rempli les cases de son cerveau, qu'il était incapable d'y loger autre chose.

Le premier détail qui frappa les élèves fut la myopie de leur professeur. Cucquigny, le grand dessinateur de la bande, découpa d'immenses lunettes de papier, qu'il posa sur son nez en récitant sa leçon. On essaya par ce moyen jusqu'où portait la courte vue du professeur. Au bout de huit jours, M. Delteil reconnaissait à peu près ses élèves, plutôt à la couleur de leurs habits qu'à leur physionomie, car, suivant l'habitude des gens myopes, il ôtait ses lunettes pour écrire.

Une suprême tactique des écoliers est de sortir pendant la classe sous différents prétextes ; la règle est de n'en laisser dehors qu'un à la fois, afin que deux camarades ne se rencontrent pas pour jouer dans les cours. Le premier qui demanda à sortir et en obtint la permission fut Larmuzeaux ; deux minutes après, Bineau se leva en faisant claquer ses doigts l'un contre l'autre pour attirer l'attention.

— Monsieur... fit-il.

— Il y a quelqu'un dehors, dit M. Delteil.

Le petit Bineau, aussi rusé qu'un gueux de la cour des Miracles, savait se tordre et faire mille contorsions provoquées par de feintes tourmentes d'estomac.

— Bineau est malade, dit Lagache pour venir en aide à son ami.

— Alors, sortez, et ne soyez pas long.

Aussitôt dehors, Bineau se mit à la recherche de Larmuzeaux.

—· Donne-moi ta redingote, tu mettras ma veste.

Larmuzeaux, possesseur d'une longue redingote à la propriétaire ne parut pas empressé de la troquer contre la petite veste de Bineau ; le tambour-major mélancolique ne comprenait rien aux farces de ses camarades.

— As-tu peur que je mange ta redingote ? dit Bineau ; c'est pour attraper M. Delteil.

— Je veux bien, répondit Larmuzeaux, mais ta veste sera trop petite.

— C'est justement ce qu'il faut.

D'un tiers plus grand que son camarade, le tambour-major entra avec difficulté dans la courte veste de Bineau et sembla avoir grandi du double. Au contraire, Bineau, enterré dans la longue houppelande marron qui lui tombait sur les pieds, semblait un nain de la plus petite espèce.

— Nous verrons bien si M. Delteil me prend

pour toi, dit Bineau, qui rentra ainsi fagoté, au milieu des rires des élèves.

M. Delteil demanda ingénument la cause de cette hilarité, qui redoubla quand Larmuzeaux apparut avec une petite veste verte, dont les manches arrivaient à peine à ses coudes.

— Eh bien, messieurs ! s'écria M. Delteil, qui ne s'apercevait pas que la joie des élèves redoublait d'autant plus qu'ils venaient de saisir la portée de ce changement d'habits, Bineau s'étant assis à la place de Larmuzeaux, Larmuzeaux à la place de Bineau.

— Je vous rappelle à l'ordre, messieurs, reprit M. Delteil.

Mais une gaîté excessive que rien ne pouvait désormais arrêter avait gagné les élèves. Le professeur eut conscience que la sortie des deux élèves entrait pour une bonne part dans ce tumulte.

— Monsieur Larmuzeaux, dit-il, venez me parler.

Le vrai Larmuzeaux se leva ; mais il fut devancé par le petit Bineau, qui, disparaissant dans la longue redingote à la propriétaire, se dressa sur la pointe des pieds et crut que M. Delteil serait dupe de son déguisement.

Le professeur, voyant deux Larmuzeaux de tailles si diverses se lever à son appel, pensa qu'il se passait un fait extraordinaire. Il mit ses lunettes au moment où Bineau se tenait au milieu de la classe, marchant sur les pans de la trop longue redingote à la propriétaire.

— Qu'est-ce cela ? s'écria M. Delteil, troublé à la vue de la houppelande marron qu'il savait appartenir au tambour-major. Monsieur Bineau, venez me parler.

Le petit Bineau se tourna vers Larmuzeaux, et continuant son rôle :

— Allons, Bineau, dit-il.

Avec les manches et la taille courte de la veste verte, qui lui montait au cou et ne formait qu'une sorte de cravate de drap chiffonnée, Larmuzeaux, se sentant encore plus grotesque que son camarade, vint avec hésitation se placer avec Bineau en face de la chaire.

— Messieurs, s'écria le professeur, un événement extraordinaire se produit ici.

— Bineau a pris ma redingote, dit Larmuzeaux, honteux des rires qu'il excitait.

— Non, monsieur, fit Bineau, c'est lui qui a emporté ma veste.

— Pourquoi aviez-vous ôté votre veste ?

— Pour mes besoins, fit en geignant le malicieux Bineau.

— Monsieur Larmuzeaux, vous vous permettez de singuliers désordres, s'écria M. Delteil.

— Rends-moi ma veste, disait Bineau à son complice.

Larmuzeaux, qui était entré avec une extrême difficulté dans la veste, paraissait consterné de ne plus pouvoir en sortir.

— Monsieur, dit Bineau, Larmuzeaux ne veut pas me rendre ma veste.

— Monsieur Larmuzeaux, rendez la veste tout de suite, dit M. Delteil.

— Monsieur, il va arracher ma veste ! s'écria Bineau, qui voyait combien par ses efforts Larmuzeaux compromettait la solidité de ses manches. J'ai mis sa vieille redingote parce que je n'avais pas autre chose, disait Bineau au professeur ; moi, je la rends, vous voyez.

— Monsieur Larmuzeaux, s'écria M. Delteil, quittez la veste immédiatement et sans la déchirer.

Enfin, le malheureux tambour-major sortit ne l'habit de son camarade en faisant éclater les coutures des manches.

— Pour avoir pris la veste de M. Bineau, M. Larmuzeaux copiera cinq cents vers, dit M. Delteil.

— Et lui? s'écria Larmuzeaux, qui, après avoir été victime de la trahison de Bineau, ne pouvait supporter d'être condamné seul.

— Celui qui réplique, monsieur, aggrave sa peine, dit M. Delteil.

Il se passait rarement un jour sans que M. Delteil fût victime des plaisanteries de ses élèves. Cucquigny, qui avait des instincts de caricaturiste, après avoir esquissé divers contours d'après son professeur, arriva à un profil facile à exécuter. Les murs du collège furent couverts de Delteil extravagants. M. Tassin s'arrêta un jour devant un de ces dessins naïfs qui s'étalait audacieusement en gros traits sur le mur blanc de la cour et sourit en le montrant à un professeur. La bande sut que le principal avait ri. On pouvait donc se moquer du maître. Un matin, en entrant en classe, le vieux professeur ramassa un certain nombre de grotesques Delteil coloriés qui encombraient le plancher. Les grandes bottes, les lunettes et le teint cuir de Russie du savant étaient accusés avec malice.

— Je ne sais, messieurs, lequel d'entre vous se plait à répandre ces images, dit le professeur ; soyez certains que je m'en plaindrai à M. le principal.

En effet, après la classe, M. Delteil monta chez M. Tassin et lui présenta quelques reproductions de son portrait.

— Quel est le coupable ? demanda le principal.

— Je ne sais, dit M. Delteil.

— Je ne peux pourtant, monsieur, faire la police de votre classe. Mon devoir est de réprimer un désordre général, et non de veiller à ce qui se passe chez mes professeurs. A eux seuls incombe une semblable tâche. Il est présumable, d'ailleurs, que si vos élèves se permettent de semblables facéties, c'est que vous leur en avez fourni l'occasion.

— Ah ! monsieur le principal !

— Les élèves sont ce que les fait le professeur.

Alors enseignait les mathématiques au collège un répétiteur, nommé Goudrillas, qui était entré la même année que M. Delteil. C'était un méridional, gasconnant à l'excès, sale, gourmand et croquant sans cesse des bâtons de sucre d'orge pendant la classe, motifs qui devaient le rendre ridicule aux yeux des élèves ; mais ce Goudrillas semblait une tempête par la brusquerie de ses mouvements, sa barbe négligée et ses cheveux rejetés en grandes touffes noires derrière la tête. Quand, après avoir retroussé ses manches, il s'approchait du tableau pour démontrer un problème, on n'eût pas entendu voler une mouche dans la classe. Ayant trouvé à son arrivée les élèves d'une faiblesse extrême en arithmétique, il déclara qu'il chasserait ceux qui oseraient se présenter sans devoirs. Enfin, il sema la terreur dans l'esprit des collégiens.

Heureusement Canivet avait le génie des mathématiques ; il ne travaillait guère plus que ses amis, et cependant il était toujours le premier de la classe. Pour épargner des punitions à ses amis, il résolvait des problèmes d'une façon quelconque et les distribuait à Dodin, à Bineau et à Lagache. Ces travaux se faisaient généralement entre midi et une heure, sur un des arbres de la Plaine, qui est une promenade aux environs du collège. En revenant de déjeûner, les quatre amis se donnaient rendez-vous sur l'arbre, y grimpaient avec plumes, papier et encre, s'accrochaient aux grosses branches, et écrivaient sous la dictée de Canivet. C'était là que se tramaient les complots contre M. Delteil, qui se promenait quelquefois sous les ormes, sans se douter qu'au-dessus de sa tête on conspirait contre son repos. Ses élèves terrifiés par le méridional Goudrillas ne tenaient pas compte de l'indulgence du vieux savant inoffensif; pourtant les bulletins que leur donnait M. Delteil tous les samedis auraient dû les désarmer. Dodin, qui, hormis les questions de cuisine, était d'une incapacité notoire, apportait habituellement à sa mère un bulletin ainsi conçu :

Thème	*doucement.*
Version	*doucement.*
Mémoire	*doucement.*
Langue française	*doucement.*
Conduite	*doucement.*

Bineau, l'âme damnée du collège, qui aurait exaspéré un saint, voyait tous ses défauts qualifiés de *légèretés*. M. Delteil n'était embarrassé que pour donner des places aux compositions de ses élèves qui n'en faisaient pas. Il était rare que Lagache, Larmuzeaux, Cucquigny, Bineau et Dodin prissent la peine d'apprendre une leçon. Ils se plaignaient tous les cinq de manquer de mémoire, et le vieux professeur assez naïf pour les croire, manqua rarement d'ajouter à la colonne d'observations, sur ses bulletins : « Manque absolu de mémoire. »

M. Delteil eût pu ajouter avec plus de vérité : « Manque absolu de livres. » Dodin avait vendu ses dictionnaires au poids à un épicier de la ville en échange de divers ingrédients de cuisine, et les livres de Bineau avaient été volés, malgré les vers macaroniques et le terrible châtiment indiqué par la première page.

Les livres de Larmuzeaux portaient en tête :

Ce livre est à moi
Comme Paris est au roi.

De même que plus d'un roi perdit Paris, Larmuzeaux fut privé de ses livres. Ceux de Dodin étaient ornés d'un dessin d'après Cucquigny, représentant un homme accroché à une potence, avec la légende :

Aspice Pierrot perdu,
Qui librum n'a pas rendu;
Si Pierrot l'avait rendu,
Non fuisset Pierrot pendu

Personne ne fut pendu et les livres de Dodin non plus que ceux d'autres élèves ne furent rendus.

Jamais on n'acheta tant de livres que pendant le cours de cette année néfaste ; quelques parents se plaignirent et déterminèrent M. Tassin à faire une enquête inutile : le coupable resta inconnu. Le principal, qui avait une remise du libraire de la ville sur la vente des éditions classiques, ne voyait pas sans une secrète joie ces mutilations.

Au milieu de tous ces désordres, Charles-Marie était devenu le meilleur élève de septième, où il obtint les premières places à chaque composition. Sophie Carillon, heureuse de ces succès, en faisait part à M. Delteil quand elle le rencontrait, ce qui était rare, car le professeur profitait de ses intervalles de classe pour travailler sans relâche à son grand Dictionnaire. Pourtant il prévint la marchande de modes qu'il verrait le professeur de sixième, afin de lui demander si Charles-Marie n'était pas en état de monter d'une classe, même au milieu de l'année ; quelques jours après, il annonça que le professeur de sixième en ferait la proposition au principal du collège, si Sophie voulait rendre visite à M. Tassin.

— Eh bien ! docteur, dit l'aînée des sœurs à M. Triballet, notre gentil neveu va sans doute entrer en sixième ; il est trop avancé pour rester avec les autres élèves de sa classe.

Le médecin avait cessé ses attaques contre le latin depuis sa sortie contre M. Delteil. Sa colère lui avait trop coûté. Il était resté deux jours sans reparaître, craignant d'être mal reçu, et il fallut que Sophie l'envoyât chercher, feignant un redoublement de malaise.

— Humph ! ce sera donc un savant ! dit-il.

— Que je serai donc heureuse si Charles-Marie peut terminer ses classes !

— Il faut lui faire étudier la médecine, dit M. Triballet ; je lui donnerai mes malades.

— Mais vous n'en avez pas, dit Berthe.

— J'en aurais par-dessus la tête si je voulais et je me remettrais volontiers à la médecine pendant quelques années pour Charles-Marie.

— Que vous êtes bon, docteur ! s'écria Sophie.

— Bon... dit Berthe, il y a des jours.

— Berthe, ne taquine pas le docteur, nous avons fait la paix.

— J'ai peine à lui pardonner, dit Berthe, d'avoir fait si peu d'honneur à mes crêpes.

— Mais, je ne vois pas mademoiselle Caroline, demanda M. Triballet pour changer d'entretien.

— Elle est dans sa chambre, dit Berthe.

— Il me semble, fit le docteur, que depuis quelques jours on ne la voit plus.

— Caroline, dit Sophie, est mélancolique ; elle nous parle à peine, s'enferme, et il me semble qu'elle a quelquefois les yeux rougis.

— Humph ! dit M. Triballet ; est-ce qu'elle deviendrait malade ?

— Vous devriez, docteur, lui parler ce soir, dit Sophie, pendant que nous irions nous promener avec Berthe à Saint-Just.

Caroline Carillon était arrivée à l'âge de vingt-huit ans, gaie comme un enfant : d'une activité sans relâche, elle ne reculait pas à passer les nuits pour se livrer aux travaux de broderie qui formaient la majeure partie des ressources de la maison ; ses seuls moments de loisir consistaient à s'asseoir quelquefois devant un piano où elle s'accompagnait en chantant. Tout d'un coup sa figure s'assombrit. Caroline, devenue plus soucieuse que son aînée, parla à peine à ses sœurs. Quand Sophie se plaignait de son changement de caractère, elle fondait en larmes et s'enfermait dans sa chambre. Le docteur Triballet était incapable de sonder cette douleur morale.

— Mon cœur se serre, lui dit Caroline, j'ai l'esprit plein de tristesse.

— Il faudrait vous distraire, ma chère enfant, dit M. Triballet.

Caroline sourit péniblement.

— On dirait, s'écria-t-elle, que le malheur plane au-dessus de ma tête.

— Humph ! il ne faut pas avoir de ces idées-là. Pourquoi n'allez-vous plus vous promener avec vos sœurs ?

— Je sens que je les attristerais. Elles ne peuvent rien pour moi, et je m'en veux de me conduire ainsi à leur égard.

— Allons, ce n'est rien, mademoiselle Caroline, dit le docteur, cela passera.

— Je ne le crois pas, dit-elle.

— Depuis quand êtes-vous ainsi ?

— Depuis l'arrivée à la maison de M. Delteil.

— Le professeur ! s'écria le médecin en roulant de gros yeux, c'est singulier !

En parlant ainsi M. Triballet regarda Caroline, pour voir si elle ne se moquait pas de lui ; mais sa figure ne changea pas, et elle ne s'aperçut pas que le docteur la regardait avec stupéfaction.

M. Triballet, pressé de faire part de cette nouvelle à Sophie, profita de l'arrivée de Charles-Marie, qui revenait du collège, pour se rendre à la promenade Saint-Just avec toute la vitesse que lui permettaient ses petites jambes. Quand il rencontra les deux sœurs, le docteur soufflait de façon à déraciner un arbre.

— Le feu est à la maison, s'écria-t-il.

— Chez nous ? s'écria Berthe.

— Ce M. Delteil... Seigneur !... Humph !

— Eh bien ? dit Sophie.

— Vous nous faites mourir.

— Je m'en doutais ! s'écria M. Triballet.

— Qu'a-t-il fait ?

— Il a ensorcelé votre sœur.

Les morts du cimetière Saint-Just durent entendre, au fond de leur cercueil, les éclats de rire des deux sœurs à cette nouvelle.

— Riez, riez tant qu'il vous plaira, reprit

M. Triballet d'un ton blessé, car il avait compté sur l'effet que produirait sa révélation. Elle me l'a avoué.

— Caroline ?

— Elle-même.

— Mon bon docteur, dit Sophie Carillon, décidément M. Delteil vous tournera la tête.

— Pourquoi ne pas me croire ? disait M. Triballet.

— Enfin, quel mystère vous a confié Caroline ?

— Elle prétend qu'elle ne souffre pas, mais qu'elle est dans un état singulier depuis l'arrivée de M. Delteil dans votre maison.

— Et puis ? demanda Berthe.

— Cela ne suffit-il pas ? s'écria le docteur.

— J'aurais voulu connaître la fin, dit Berthe.

— Il n'y a pas de fin, dit M. Triballet : j'ai été tellement surpris de cette confidence que j'ai cru utile de vous en faire part aussitôt.

— Je vous remercie, docteur, mais vous vous êtes alarmé à tort. Je crois comprendre ce que Caroline vous a confié, c'est-à-dire que sa mélancolie remonte à l'époque de l'entrée de M. Delteil chez nous.

— Précisément, dit le docteur.

— Mais elle n'a pas avoué que M. Delteil en fût la cause.

— C'est vrai, dit M. Triballet en voyant s'écrouler l'échafaudage qu'il avait bâti en route.

— Que supposiez-vous, docteur, reprit Sophie, qui pût troubler l'esprit de Caroline ?

M. Triballet ne savait maintenant que répondre.

— Dites, que pensiez-vous ?

— Rien, fit le pauvre docteur à bout de raisonnement.

— Ah ! si M. Delteil vous entendait !

— Eh bien ? dit le docteur.

— Comme vous le tourmenteriez... Il se montre si dévoué pour nous ; il nous conseille d'envoyer Charles-Marie au collège comme externe libre, c'est-à-dire qu'il suivra seulement les classes, et qu'il fera ses devoirs chez nous.

— Dans quel but ? demanda M. Triballet.

— M. Delteil prétend que sa classe est composée de mauvais sujets, et qu'il n'est pas bon que mon neveu les fréquente ; d'un autre côté, comme Charles-Marie n'est pas aussi avancé que les forts de la classe de sixième, M. Delteil lui donnera quelques répétitions.

— Du moment, dit le docteur, que vous avez décidé de faire de votre neveu un savant, tout est bien.

Les deux sœurs trouvèrent en rentrant Charles-Marie qui étudiait sa leçon pour le lendemain. Il apportait à l'étude une ardeur telle que Sophie était obligée de lui enlever le soir sa lumière : il eût passé la nuit à lire. Pendant les promenades il s'écartait de ses camarades, s'enfonçait dans le bois, et fut surpris plus d'une fois lisant des livres que M. Delteil empruntait à la bibliothèque de la ville. Aussi l'enfant était-il regardé d'un mauvais œil par la bande de Bineau qui avait compté sur lui comme auxiliaire ; mais Charles-Marie, de nature rêveuse et contemplative, était incapable de s'associer aux folies de ses camarades.

Dodin lui proposa un jour de s'emparer de la grenouille de Larmuzeaux. Charles-Marie crut d'abord qu'il s'agissait de la tirer du pupitre pour la rendre à la liberté ; mais quand Dodin lui eut expliqué qu'il s'agissait de faire frire la grenouille, il s'éloigna brusquement de son camarade et cessa d'avoir avec lui des rapports amicaux.

Son meilleur compagnon fut un tambour qui était malmené des collégiens, parce qu'il devait son éducation gratuite à ses baguettes. Fils d'un pauvre maçon de la ville, on ne le connaissait dans le collège que sous le surnom méprisant de *Tapin,* que son métier de tambour lui avait attiré. Charles-Marie se lia de grande amitié avec le Tapin, poussé par une sympathie mystérieuse semblable à celle qui fit que M. Delteil en arrivant dans la ville alla loger chez les trois sœurs.

Le Tapin, observateur et curieux, communiqua à Charles-Marie sa passion, qui était de collectionner des coquilles fossiles.

La montagne de Laon est composée de couches de terrain dont quelques bancs contiennent des coquillages blancs et friables qui s'enchevêtrent les uns dans les autres, et que le moindre toucher réduit en poussière. Le Tapin avait découvert des parties de la montagne où ces coquilles présentaient plus de solidité : étant entré un jour par hasard à la bibliothèque de la ville, il aperçut dans une vitrine, entre un vieux singe empaillé et une dizaine de médailles romaines, quelques échantillons de fossiles dont un amateur avait fait cadeau à la ville. Il demanda des explications sur ces coquilles, dont il ne comprenait pas l'intérêt à cause de leur grande abondance dans la montagne, et il apprit combien il était difficile de se les procurer entières. Alors le Tapin se voua à la recherche des précieux fossiles, dans le but d'augmenter la collection de la bibliothèque ; mais comme les fonctions de tambour lui laissaient moins de liberté qu'à un autre élève, après avoir dressé Charles-Marie à ce genre de recherches, tous deux parvinrent à créer une collection qui rivalisa bientôt avec celle de la ville.

La bibliothèque publique de Laon est située dans une aile des bâtiments de la préfecture ; on y entre par une porte basse donnant sur un jardin et que les employés peuvent apercevoir de leurs bureaux. M. Bineau père, de son cabinet, remarqua l'assiduité à la bibliothèque de Charles-Marie et de son ami le Tapin, ce qui le surprit, car cet établissement était habituellement désert et les collégiens ne sont guère disposés à changer leurs congés en recherches dans les livres anciens.

Le conservateur, perdu au milieu des nombreux volumes entassés par les Bénédictins, attendant des lecteurs qui n'arrivaient pas, une fois dans son fauteuil de cuir, placé sous le grand crocodile empaillé suspendu au plafond, ne bougeait plus et semblait lui-même un vieil in-folio. L'absence de visiteurs, le silence de la grande salle, les toiles d'araignées qui sans cesse s'allongeaient, les grands volumes parcheminés qui ne changeaient pas de place, avaient fait du vieux bibliothécaire une sorte de machine sans parole, se levant comme un ressort à quatre heures du soir, et ramenée, par le même ressort, le lendemain à midi sonnant.

— Que viennent faire ici ces petits collégiens ? demanda M. Bineau père au concierge.

— Je ne sais, monsieur ; ils arrivent avec des coquillages plein leurs poches et les déposent dans l'armoire vitrée.

— Pourquoi faire ? se dit le chef de bureau, qui eut bientôt la clef de ce mystère ; car à une séance du conseil municipal dont il faisait partie, il fut chargé de répondre à une lettre du bibliothécaire qui priait les administrateurs de la ville de disposer d'une faible somme sur le budget municipal pour enrichir la bibliothèque de quelques ouvrages ayant trait à l'histoire des coquilles qu'étudiaient des collégiens.

Le même soir M. Bineau dit à son fils :

— Pourquoi ne vas-tu pas à la bibliothèque t'amuser les jours de congé ?

Le petit Bineau crut que son père voulait rire.

— Ce n'est pas drôle, dit-il.

— Tes camarades y vont bien, dit le chef de bureau.

— Qui ? demanda le petit Bineau.

— L'enfant qu'élève mademoiselle Carillon.

— Charles-Marie ?

— Oui, avec un autre collégien que je ne connais pas ; ils s'occupent, apportent des coquillages, et par là se rendent utiles à la ville. Est-ce que tu ne pourrais pas, toi aussi, collectionner des coquilles ?

— Moi ! s'écria avec un souverain mépris le petit Bineau.

— Pourquoi pas ? dit le père.

— C'est ainsi, ajouta madame Bineau, qu'on se fait une position petit à petit.

— Certainement, dit le chef de bureau ; si tu voulais, un jour, je te ferais nommer bibliothécaire... Il faut penser à l'avenir.

— Ça m'ennuie, les livres, dit le petit Bineau.

— Tu oses me dire en face que tu n'aimes pas

les livres ! Que veux-tu faire par la suite, paresseux ?

— Voilà, dit madame Bineau, où conduit la musique que vous avez mise en tête de mon fils. Il ne pense qu'à la musique !... Un bel état que celui de musicien !

— Il faut aller demain à la bibliothèque, reprit le chef de bureau ; regarde ce qui s'y passe, demande des renseignements, aie l'air de t'occuper des collections. Iras-tu ? je te donnerai quelque chose...

— Quoi ?

— Tu verras.

Pour vaincre l'indécision du petit Bineau :

— Notre bibliothèque renferme des objets fort curieux, reprit le chef de bureau : des manuscrits, des animaux préparés, une collection de médailles, des peintures. Tout cela est du plus haut intérêt ; tu demanderas des livres à figures. Je voudrais avoir le temps ! Il est si facile de s'instruire dans ces endroits !... On a tout sous la main... Regarde les portraits des grands hommes de Laon, surtout les peintures du fameux Plumet, que j'ai connu et qu'on appelait alors le petit Plumet, des chefs-d'œuvres qui valent de l'or. Ce n'est pas tout... Un amateur offrait encore dernièrement, au conseil municipal, une grosse somme du crocodile empaillé ; nous n'avons pas consenti à une transaction. Ces objets-là font le meilleur effet dans les **établissements** publics... Tu peux demander les *Fables* de La Fontaine, avec des gravures à chaque page ; un *ouvrage hors de prix*. Et le livre de l'Expédition d'Egypte, donné par M. de Talleyrand à la ville ! Tu verras encore la prison de la Bastille, sculptée dans une pierre de la Bastille même, et la cathédrale de Laon, un travail de vingt ans au moins, exécuté avec des cartes à jouer ; c'est prodigieux. Tu auras de quoi regarder et tu ne verras pas tout en une fois.

Le petit Bineau, décidé par ces raisons, emmena le lendemain son ami Lagache à la bibliothèque : ils arrivèrent au moment où M. Delteil priait le conservateur de faire des recherches avec lui dans une pièce voisine.

Les deux amis se trouvèrent seuls dans la bibliothèque, et leur premier regard fut pour le fameux crocodile suspendu au plafond, qui montrait des dents terribles à une autruche déplumée, placée sur un rayon en face de lui. Non loin du crocodile était une échelle portative. Lagache y monta pour toucher l'animal et le secoua avec une certaine émotion.

— Regarde, dit-il à Bineau, si quelqu'un ne vient pas.

Bineau s'assura que le bibliothécaire et M. Delteil étaient occupés dans la salle voisine.

— Prends l'échelle, dit Lagache, nous allons joliment nous amuser avec le crocodile.

L'échelle étant dressée, Lagache donna une poussée au crocodile et l'envoya près de Bineau, qui le renvoya à son ami. Les deux collégiens trouvaient un extrême plaisir à faire servir à leurs jeux une bête d'une physionomie si redoutable ; mais Bineau ayant donné un coup faux sur le crocodile, la vieille corde qui retenait l'animal au plafond cassa tout à coup, et le crocodile tomba sur un buste en plâtre de Louis XVIII.

— Oh! là! là! s'écria Bineau qui faillit dégringoler de l'échelle.

Lagache était déjà descendu, effrayé d'un tel désastre. Le nez de Louis XVIII était cassé, et du ventre du crocodile s'échappaient les intestins factices dont l'avait bourré l'empailleur.

Lagache tourna le buste de Louis XVIII contre le mur et en fit un prince mal élevé ; car, d'ordinaire, placé vis-à-vis de la porte d'entrée, il accueillait les visiteurs par un sourire des plus aimables.

— Et le crocodile, s'écria Bineau, qu'allons-nous en faire ?

— Il faut le cacher.

— Il est perdu, dit Bineau, qui pensait à la valeur immense de l'animal, dont son père lui avait parlé la veille. Sais-tu que ça coûte cher un crocodile ?

— Si on pouvait le raccrocher ? disait Lagache.

— Et son ventre qui est ouvert... Oh ! le crocodile a une dent cassée !

— Une de plus ou de moins, fit Lagache... Nous a-t-on vus entrer ?

— Je ne crois pas ; il n'est que temps de filer.

— Nous ne pouvons pas laisser là le crocodile; on sait bien qu'il ne peut pas marcher.

En ce moment des pas se firent entendre dans l'escalier.

— Sauvons-nous, dit Lagache.

— Par ici, dit Bineau, qui, pour avoir rôdé

maintes fois dans la préfecture, connaissait dans la bibliothèque un corridor de dégagement.

Lagache le suivit, traînant, non sans peine, le crocodile. Ils arrivèrent ainsi vers une fenêtre qui donne sur la promenade. Lagache entendit des cris d'enfants qui se disputaient.

— C'est des Tantoniens, dit-il, voilà pour eux. Oup !

Et, par un suprême effort, il lança le crocodile par la fenêtre.

On entendit un immense cri de terreur ; mais, sans s'en inquiéter, les deux amis s'enfuirent.

A ce moment même, M. Delteil revenait avec le bibliothécaire, qui avait fini par découvrir le volume que celui-ci lui demandait; ils trouvèrent dans la salle Charles-Marie apportant quelques coquilles rares trouvées dans la montagne.

— Nous aurons bientôt, lui dit le bibliothécaire, nos volumes d'histoire naturelle, et je t'apprendrai les noms et les familles de tous ces fossiles.

M. Delteil pressait Charles-Marie de terminer le rangement des nouvelles coquilles pour s'en retourner avec lui, lorsqu'on entendit au loin une singulière rumeur qui s'augmentait de minute en minute.

— Qu'est-ce donc ? demanda le bibliothécaire, qui vivait ordinairement dans le silence le plus profond, la préfecture étant située à l'extrémité de la ville.

Le bruit augmenta, formé de nombreuses voix. Le bibliothécaire ouvrit une fenêtre.

— Je vois, dit-il, beaucoup de monde au bout de la rue de la Préfecture. Ce n'est pourtant pas l'époque du tirage au sort.

Malgré ses grandes lunettes, M. Delteil ne distinguait rien.

Charles-Marie regarda et dit qu'on apportait un corps sur une planche.

— Un malheur ! s'écria M. Delteil.

— Peut-être un ouvrier qui se sera laissé tomber d'un toit, dit le bibliothécaire.

La rue de la Préfecture n'était pas assez large pour les curieux, que le commissaire de police avait peine à contenir.

— C'est une bête ! s'écria Charles-Marie. Le crocodile ! ajouta-t-il.

Le bibliothécaire, instinctivement, jeta les yeux au plafond.

— Notre crocodile ! s'écria-t-il, confondu, en tombant sur une chaise.

— Comment, fit M. Delteil, le crocodile du plafond !

En ce moment une foule immense franchissait, tumultueuse, la grille de la préfecture. Les employés, trop heureux d'échapper un instant à leur travail, sortaient des bureaux : craignant une émeute, le portier essayait de fermer la grande porte.

M. Bineau qui apparut, le premier dans la cour, une plume derrière l'oreille, faillit sangloter en reconnaissant sur une planche le corps du crocodile, dont la tête séparée du corps était portée par le tambour de ville.

Toute cette foule se livrait à des commentaires étranges. Les élèves de M. Tanton racontaient avec terreur que l'énorme bête, sautant par la fenêtre, avait manqué les écraser.

Arrivé à la porte de la bibliothèque, le commissaire de police fit faire un roulement par le tambour :

— Messieurs et concitoyens, dit-il, je vous prie de ne pas monter dans la bibliothèque, où une foule nombreuse pourrait augmenter des désordres déjà assez grands ; j'ai envoyé prévenir M. le juge d'instruction. Seuls devront m'accompagner les quatre témoins victimes de la chute du corps, les porteurs de l'animal, et M. Bineau. Il faut que le mystère qui couvre un crime considérable soit éclairci avant l'arrivée de M. le préfet, malheureusement en tournée pour le moment.

Ayant ainsi parlé, le commissaire de police ceignit son écharpe et entra dans la bibliothèque dont il ferma la porte, laissant au dehors la foule qui s'augmentait à chaque minute.

— Monsieur le conservateur, dit M. Bineau, reconnaissez-vous ce crocodile pour celui qui, de temps immémorial, était suspendu au plafond ?

Mais la chute avait fait de l'animal empaillé quelque chose de repoussant, et la vétusté des drogues de l'intérieur du corps soumises tout à coup à l'action de l'air répandait une odeur insupportable.

— Monsieur le commissaire, dit M. Bineau en en se pinçant le nez, je crois voir dans cet acte un crime en même temps qu'une vengeance. Il y a un an, un propriétaire des environs fit offrir au conseil municipal de lui céder ce crocodile, alors en parfait état de conservation. Jaloux des richesses de la cité, M. le maire, MM. les adjoints, les conseillers municipaux, mes confrères et moi, avons refusé de nous défaire d'un monument si important pour l'étude de l'histoire naturelle. Ne serait-il pas convenable d'interroger cet amateur qui, irrité de notre refus, a peut-être conspiré la perte du crocodile ?

— Comment se nomme-t-il ? demanda le commissaire.

— M. Tétard, propriétaire à Vorges.

— M. Tétard est mort, il y a six mois, dit le commissaire... Si vous voulez bien me le permettre, monsieur Bineau, je procéderai à une enquête plus régulière.

Alors le bibliothécaire interrogé répondit qu'à midi le crocodile était accroché au plafond ; qu'à deux heures il était sorti avec M. Delteil pour lui communiquer un livre, et qu'en rentrant ils avaient trouvé Charles-Marie occupé à ranger des coquilles.

— Ainsi, monsieur, dit le commissaire, vous êtes certain que le crocodile a été décroché du plafond et lancé par la fenêtre pendant votre absence momentanée ?

— Cela est exact, répondit le bibliothécaire.

Charles-Marie qui, dans un coin, regardait

cette scène, fut interrogé à son tour ; il déclara être entré dans la bibliothèque, avoir trouvé la porte ouverte, et ne s'être pas aperçu de la disparition du crocodile. Malheureusement il était arrivé vers deux heures et demie, heure à laquelle les élèves de la pension Tanton disaient avoir reçu l'horrible monstre sur le dos.

Tous les assistants fixaient Charles-Marie, qui ne soupçonnait pas encore l'étendue de l'accusation. M. Delteil était plus ému que s'il avait commis le crime, car depuis qu'il connaissait l'enfant, il n'avait pas surpris en lui de tels écarts de conduite. A son tour, le portier de la préfecture augmenta les charges en déclarant qu'il n'avait vu personne entrer dans la bibliothèque, à l'exception de M. Delteil et de Charles-Marie.

— Qui vous a poussé, malheureux enfant, à un acte si déplorable ? s'écria M. Bineau d'un ton rogue.

Charles-Marie crut d'abord que le chef de bureau s'adressait à un autre.

— Moi ? dit-il avec un accent d'indignation.

— Oui, vous, nature perverse, reprit le commissaire de police.

— Il n'est pas coupable, messieurs, disait M. Delteil.

— Personne que cet enfant n'est entré dans la bibliothèque, dit le commissaire.

— Il ne peut être coupable ! s'écria M. Delteil.

— Tous les jours, dit un élève de M. Tanton, les collégiens inventent quelque chose de nouveau contre nous.

— Vous entendez, monsieur ? dit le commissaire de police.

— Charles-Marie, reprit M. Delteil, ne doit pas être coupable.

Le doute avait fini par se glisser dans l'esprit du vieillard, qui étudiait les yeux de son élève pour y surprendre quelque trace d'égarement, car un moment de folie passagère pouvait seul faire comprendre un tel acte. N'était-il pas possible aussi que les mauvais tours qui se commettaient habituellement au collège eussent monté l'imagination de Charles-Marie au point de vouloir lui faire surpasser d'un coup les hauts faits de ses condisciples ?

— Il faut aller s'expliquer à la mairie, dit le commissaire de police.

— Vous emmèneriez Charles-Marie, s'écria

M. Delteil qui pensait au chagrin qu'en éprouveraient les demoiselles Carillon !

— J'obéis à mon devoir, dit le commissaire. Partons, messieurs.

Charles-Marie suivit le commissaire sans donner signe d'émotion.

— Criminel audacieux ! s'écria M. Bineau.

Le cortège rencontra au bas de la porte une foule considérable, aussi avide de connaître l'auteur du crime que si on eût enlevé la cathédrale de Laon. Il reste dans le pays des traces de traditions populaires ; la chute du crocodile avait rappelé à certains esprits la légende de l'*os qui pend*. C'était une arête de baleine suspendue sous le portail de la cathédrale. Qui avait accroché cet os de baleine ? Les légendes n'en disent rien et laissent le surnaturel se donner carrière. Au dix-huitième siècle, l'*os qui pend* disparut ; mais il resta dans la mémoire des Laonnais comme une des sept merveilles de la ville. Les vieillards, qui racontaient cette tradition dans la foule, n'hésitaient pas à ranger la chute du crocodile dans la classe des faits surnaturels, lorsque la sortie du commissaire de police tenant Charles-Marie par la main fit pousser à tous un cri de surprise.

— C'est lui ! c'est lui ! disaient aux curieux les élèves de la pension Tanton, en montrant le prévenu du doigt.

— Il faut prévenir immédiatement mademoiselle Sophie ! songea M. Delteil, quittant le cortège à regret.

Charles-Marie, abandonné de son unique défenseur, ne perdit pas contenance. Il entendait les réflexions de la foule :

— Est-il possible ?
— Un si joli blond !
— A son âge ?
— Dire qu'il a décroché le crocodile !
— Il voulait écraser des enfants.
— Il finira mal.
— Voilà donc à quoi sert l'éducation !
— Si j'étais son père !
— Qui dirait ça en le voyant ?

Quelques-uns mêlaient le nom de Charles-Marie à celui de **Papavoine**.

Malgré ces accusations et ces injures, Charles-Marie marchait sans baisser la tête.

Le cortège arriva ainsi à la mairie, où le commissaire de police fut introduit dans le cabinet du secrétaire, pendant que le coupable attendait dans un bureau voisin.

— Eh ! monsieur, dit le secrétaire quand il eut entendu le rapport du commissaire, pour un méchant crocodile empaillé vous assemblez toute la ville sur la place ! D'un délit de justice de paix vous faites une affaire criminelle !

— Mais, monsieur le secrétaire, M. Bineau a dit...

— M. Bineau n'a rien à voir dans cette affaire : c'est rendre une administration ridicule que de l'occuper de semblables misères. Faites une mercuriale au petit garçon et renvoyez-le chez ses parents.

Le commissaire de police, plus fier de son arrestation que s'il eût découvert un complot, reçut avec confusion cette mercuriale d'un homme de bon sens.

— Vous ferez sortir le petit bonhomme par la porte de derrière, afin que sa vue n'excite pas plus longtemps des rumeurs sur la place.

Après un sévère discours du commissaire de police, qui y mit toute l'amertume d'une entreprise manquée, Charles-Marie quittait la mairie pour rentrer chez sa tante, lorsqu'il rencontra Berthe en larmes :

— Méchant ! dit-elle en l'embrassant, nous as-tu causé assez de chagrins ?

Alors seulement Charles-Marie pleura en voyant couler les larmes de Berthe.

— Courons vite, dit-elle, Sophie te croit en prison.

Dans la boutique, M. Triballet parlait à voix haute ; M. Delteil était affaissé sur une chaise.

— C'est votre faute, monsieur, lui disait le docteur ; on doit mettre plus de précautions pour annoncer un malheur. Vous savez combien mademoiselle Sophie est impressionnable ; vous pouviez lui porter un coup mortel...

L'arrivée de Charles-Marie vint mettre un terme à cette discussion.

— Le voilà ! cria Berthe en le portant dans ses bras vers le lieu où Sophie était étendue, gardée par sa sœur.

— Je ne t'aurais jamais soupçonné capable de pareilles méchancetés ! murmura Sophie.

Charles-Marie la regardait, la candeur dans les yeux.

— Ce n'est pas toi, n'est-ce pas ? s'écria-t-elle en le prenant dans ses bras.

— Je le disais bien à ces messieurs, reprenait M. Delteil.

Le soir, la ville fut remplie de groupes qui blâmaient la conduite du secrétaire de la mairie. M. Tanton se montra particulièrement indigné : espérant qu'un procès en cour d'assises dévoilerait les mauvais tours des élèves du collège, déjà il avait préparé une longue énumération de griefs contre M. Tassin, lorsqu'il apprit que Charles-Marie était relâché, ce qui annonçait que l'affaire n'aurait pas de suites.

— Comment, s'écriait le maître d'écriture, il sera permis à un élève de M. Tassin de dissiper les trésors d'un dépôt public sans que justice se fasse ? Si j'avais seulement touché la queue du crocodile, je serais en prison à l'heure qu'il est ! Mais on permet tout à ces messieurs du collège... Vous verrez qu'ils finiront par mettre le feu à la ville... parce qu'ils ont un tambour-major !

En ramenant ses élèves de la promenade, M. Tassin eut vent de l'affaire. Son premier soin fut de courir chez le maire ; il craignait le scandale occasionné par cette aventure et le fâcheux contre-coup qui pouvait en rejaillir sur lui. Le lendemain, après l'heure des classes, il assembla tous les élèves, prononça un discours dans lequel il menaça de sa sévérité les moindres infractions à la discipline, appela Charles-Marie, et après un roulement de tambours, décréta son expulsion pour quinze jours.

Ce ne fut pas sans détours que M. Delteil fit part de cet acte sévère aux marchandes de modes. Sophie voulait, dans son indignation, aller trouver le principal.

— Mon neveu est déshonoré, s'écriait-elle.

Le vieux professeur l'arrêta.

— Laissez éteindre le bruit, dit M. Delteil ; dans huit jours il n'en sera plus question. Charles-Marie n'est pas coupable, mais vous ne persuaderez jamais M. le principal de son innocence.

Cependant l'*Observateur de Laon* parut le dimanche avec un article anonyme, foudroyant et plein de points d'exclamations, qui sortait de la plume de M. Bineau, heureux de faire pièce au secrétaire de la mairie. Toute la ville lut cet article imprimé en tête du journal :

« Jeudi dernier, notre bibliothèque a été le

» théâtre d'un grand désastre pour l'art ! Le rare
» animal qui avait été offert à la ville par la géné-
» rosité de M. Cressonnois, à son lit de mort,
» est entièrement perdu pour la science, qui
» regrettera longtemps le riche échantillon du
» fruit des recherches de nos savants dans les
» déserts.

» Pendant l'absence du savant bibliothécaire,
» une main coupable a coupé le fil qui retenait
» l'animal vorace au plafond !!! Tout donne à
» penser que dans sa chute il est tombé sur le
» buste d'un Bourbon et l'a mutilé, fait qui dé-
» montre l'inutilité d'exposer aux yeux du public
» le représentant d'une branche déchue. Cepen-
» dant les connaisseurs regretteront la perte du
» buste, dû à un ciseau exercé !

» Quoique l'instruction n'ait pas été menée
» avec tout le développement que comportait une
» si grave affaire, on a retrouvé près du buste
» quelques écailles de l'enfant du désert.

» Des enfants étaient occupés à jouer sur la
» promenade !!!!

» O surprise ! le féroce ovipare, lancé par une
» main sûre, s'élance de la fenêtre de notre bi-
» bliothèque, qu'il n'aurait jamais dû quitter, et

» va tomber à une ligne de la tête de jeunes en-
» fants !!!!! Un peu plus, et nous aurions de nou-
» veaux malheurs à raconter !

» La ville s'émeut aux cris de frayeur des en-
» fants; les habitants de notre cité crient ven-
» geance! Le corps mutilé de l'habitant de la mer
» Rouge est rapporté, suivi d'une foule nom-
» breuse et attristée, qui comprend la valeur
» d'une perte irréparable!

» Le Muséum d'histoire naturelle de Paris ne
» pouvait montrer à ses visiteurs un plus bel
» échantillon de l'habitué des bords du Gange, et
» le conseil municipal, qui s'occupe avec tant de
» soin des intérêts de la cité, s'était cru obligé,
» malgré des offres considérables qui auraient
» pu éteindre une partie du passif de la ville, de
» conserver soigneusement celui qu'il faut bien
» nommer malgré ses appétits cruels, le Croco-
« dile !!!!!!

» Après un commencement d'instruction, le
» coupable a été découvert : *lux facta est*. C'était
» un enfant, heureusement étranger à la ville,
» et qui, dit-on, ne soupçonnait pas la portée de
» son crime. »

Dans l'enthousiasme de leur expédition, Bineau et Lagache ne surent pas tenir leur langue ; la bande des éleveurs de vers à soie connut bientôt qu'ils étaient les auteurs de l'attentat de la bibliothèque. Lagache avait conservé, en souvenir de sa victoire, une des dents du crocodile, pour la joindre aux richesses de son musée de rapines.

Cette aventure fit réfléchir Robert, qui, tout en faisant partie de l'association, était trop souvent la victime de ses amis. Robert, n'étudiant pas, était d'habitude le dernier en composition. Il l'était *ex æquo* avec Dodin, avec Bineau et tous ceux qui ne daignaient pas concourir aux compositions données par M. Delteil ; mais madame Robert ne se payait pas de ces raisons et lisait chaque samedi le bulletin du collège d'une main, de l'autre tenant des verges.

Robert voyait arriver ce jour avec terreur, la fin de la semaine amenant régulièrement sa rente de fouet. Ses amis le surent, et se moquèrent cruellement de Robert, qui à l'âge de douze ans était encore fouetté. Malgré le châtiment maternel, malgré les railleries, malgré la honte et la douleur, Robert ne travaillait pas davantage, l'esprit préoccupé d'un problème particulier qui consistait à obtenir une bonne place dans les compositions sans étudier. La nature l'avait fait sournois et méchant ; il prêta les mains à la nature et se fit volontairement *rapporteur,* fonction analogue dans les collèges à celle de mouchard dans la société.

L'affaire du crocodile lui parut si importante, que Robert n'hésita pas à aller trouver le principal. Il lui dénonça le vrai coupable et entra dans les plus petits détails.

— Les preuves ? demanda M. Tassin.

— Monsieur, dit Robert, je ne sais pas ce que j'ai fait à M. Delteil, je suis toujours le dernier en classe, et maman me bat tous les samedis.

— Je n'entre pas dans ce détail ; je vous demande des preuves, car vous venez me dénoncer vos amis.

— Monsieur, si vous vouliez dire un mot à M. Delteil, il me donnerait de meilleures notes, et maman ne me battrait plus.

— Savez-vous, monsieur Robert, dit le principal, que j'ai grande envie d'appeler Bineau et Lagache dans mon cabinet et que je les ferai s'expliquer devant vous ?

— Monsieur, dit Robert, j'ai des preuves.

— Parlez donc.

— Monsieur, auriez-vous la bonté de dire à M. Delteil qu'il ne m'en veuille pas tant ; qu'il me mette l'avant-dernier, mais pas le dernier.

— Vous êtes rusé pour votre âge, M. Robert. Je vous comprends ; vous voulez me vendre vos preuves.

— Monsieur, les preuves sont dans le pupitre de Bineau. C'est lui, avec Lagache, qui a décroché le crocodile ; en tombant le crocodile s'est cassé une dent. Bineau conserve la dent ; je l'ai vue tout à l'heure encore.

— Cela suffit, monsieur ; retournez à votre étude et travaillez, car vous êtes paresseux. Ce que vous avez fait est bien ; mais le but que vous mettez à votre dénonciation ne peut vous valoir les places que vous sollicitez. Cependant, quand vous apprendrez quelque chose contre les intérêts du collège, contre moi, contre mes professeurs, venez me trouver, et je vous donnerai, si la confidence en vaut la peine, dix immunités.

A la suite de cette conversation, M. Tassin étant entré brusquement dans la classe de M. Delteil, se livra à une perquisition générale dans les pupitres ; ce qui amena la saisie de la grenouille de Larmuzeaux, des ustensiles de cuisine de Dodin, de la boîte à couleurs de Cucquigny, de la fameuse dent de crocodile et d'une multitude d'objets faisant partie du musée de Bineau et de Lagache ; mais le principal fit retomber sa colère sur M. Delteil.

— Comment, monsieur, lui dit-il, vous permettez à vos élèves d'entretenir des animaux vivants, de faire la cuisine, de jouer à la loterie ?

M. Tassin avait saisi également une espèce de roulette.

— Est-ce ainsi, monsieur, que vous surveillez vos jeunes élèves ? Ils font donc ce qu'ils veulent pendant la classe ? Et au bout de l'année, quand viendront MM. les inspecteurs, votre classe paraîtra d'une faiblesse telle que le blâme retombera sur ma tête. Pourquoi ? Parce que vous vous occupez de matières étrangères à la classe.

M. Delteil voulut parler, mais M. Tassin, d'une voix altière, continua :

— Faites-y attention, monsieur ; je vous surveillerai particulièrement, vous et vos élèves, moins coupables que vous. Tout ce qui s'est fait de mal ici, depuis le commencement de l'année, vous en êtes complice. Pour me décharger et montrer que ma haute surveillance ne fait pas défaut aux classes les plus basses, je serai obligé d'en faire un rapport spécial à M. le recteur.

M. Delteil resta atterré après la sortie du principal. Il n'osait plus regarder ses élèves. Pour cacher son embarras, il rangea ses feuillets de papier avec lenteur, décidé à ne plus travailler pendant les classes à son dictionnaire. Toutefois la honte qu'il éprouvait de cette mercuriale publique modifia sa faiblesse accoutumée.

— C'est vous, monsieur, dit-il à Cucquigny, qui coloriez si bien les caricatures ; puisque vous avez du goût pour le dessin, vous me dessinerez la carte de France.

Avant la fin de la classe, M. Delteil avait donné plus de *pensums* que dans tout le courant de l'année. Contre son habitude, il était sorti de sa chaire, marchant de long en large dans la classe, et faisant sonner sur les carreaux ses vieilles bottes fortes.

M. Tassin, aussitôt qu'il fut en possession de la dent de crocodile, fit prier le père du petit Bineau de passer au collège.

— J'ai su, monsieur, dit le principal, l'intérêt que vous avez mis à découvrir le coupable dans l'affaire de la bibliothèque, et je vous félicite de votre zèle, quoique vos efforts n'aient pas été couronnés de réussite.

— Si le secrétaire de la mairie m'avait laissé faire, dit le chef de bureau, croyez que le neveu des demoiselles Carillon aurait reçu une leçon sévère de la justice.

— On m'a dit également, monsieur Bineau, que vous étiez l'auteur de l'article de l'*Observateur*, article bien écrit et bien pensé.

Le chef de bureau s'inclina.

— Après avoir rendu hommage à la plume brillante qui a résumé dans quelques lignes éloquentes une indignation que nous partageons tous, permettez-moi, monsieur Bineau, d'en blâmer la pensée.

Le chef de bureau fit une grimace d'auteur dont la pièce est refusée à l'unanimité.

— Vous n'avez pas réfléchi à la portée de cet article, monsieur Bineau, autrement vous ne l'eussiez pas écrit ; moins que tout autre vous deviez l'écrire.

— Je ne comprends pas, monsieur, répondit le chef de bureau d'un ton sec.

— Reconnaissez-vous ceci ? demanda le principal en tirant de son gousset la dent de crocodile.

— Serait-ce une dent de l'animal ? dit M. Bineau.

— J'ai poursuivi l'instruction beaucoup plus loin que vous, monsieur, et j'ai la douleur de vous annoncer que le petit Charles-Marie est innocent, et que M. Bineau, votre fils, est le coupable.

— C'est impossible ! dit le chef de bureau.

— Il avait pour complice Lagache, un de mes plus mauvais élèves.

— Quelle chose étrange m'apprenez-vous là, monsieur !

— Eh bien ! monsieur Bineau, écririez-vous encore aujourd'hui votre article ? Sans doute votre indignation paraît toute naturelle : elle a trouvé place dans mon cœur ; mais le temps des Brutus est passé, et je ne condamnerais pas mon fils pour ruiner du même coup un établissement qui a déjà rendu de grands services à l'instruction. Les ennemis du collège sont nombreux, monsieur Bineau ; ils attendent en silence le moment de le renverser. Vous leur prêtez appui ; votre article à la main, ils se prévaudront d'un malheur auquel je suis étranger et diront : Ce n'est pas nous qui accusons le principal du collège, c'est un père qui envoie son fils à son enseignement, un citoyen honorable qui n'a pu maîtriser sa légitime indignation ; et on les croira, car vous leur avez fourni des armes.

— Que faire ? s'écria M. Bineau.

— Dans le prochain numéro du journal, atténuez la portée de l'événement, et je vous promets de laisser l'accusation peser sur une tête innocente.

— Ah ! monsieur Tassin, que pourrais-je faire pour vous être agréable ?

— Je connaissais votre esprit sain, monsieur Bineau, mais j'ignorais que vous cachiez une plume si exercée.

Le chef de bureau s'inclina.

— Est-ce qu'un jour, monsieur Bineau, il ne serait pas d'un intérêt local de démontrer dans un article de l'*Observateur de Laon* la haute portée des études de mon collège ?

— Ce sera fait prochainement, monsieur Tassin.

Fidèle à sa parole, M. Bineau inséra dans le

numéro suivant du journal une nouvelle qui avait pour titre :

ENCORE LE CROCODILE !

« M. le maire de la ville vient d'écrire à M. le
» maire de Soissons pour lui demander des ren-
» seignements sur la valeur d'un naturaliste
» extrêmement habile, natif de cette cité. L'art
» n'a pas encore dit son dernier mot. On espère,
» à force de soins, parvenir à relier les tronçons
» du crocodile, fils du Nil, qui pourront présen-
» ter encore quelque intérêt à la science et ré-
» jouir la vue de nos concitoyens. »

Un entrefilet qui suivait annonçait l'état florissant du collège dû aux hautes capacités du principal, sa discipline paternelle sans laquelle il n'existe pas de grands établissements, les progrès sensibles des élèves, l'état sanitaire des collégiens dû à une excellente nourriture, l'appui que la municipalité prêtait aux louables efforts de M. Tassin, et de notables réformes en voie d'exécution, dont le rédacteur de l'article se proposait de montrer l'importance dans une série d'articles prochains.

M. Bineau n'épargnait pas les compliments, et intérieurement le principal du collège souhaita presque une seconde représentation du saut par la fenêtre du crocodile.

VI

Ce qu'on fait dans les classes d'hiver. — M. Delteil ose soutenir que l'université pourrait faire quelques réformes. — Ce qu'il en résulte.

L'hiver arriva bientôt et se fit sentir à M. Delteil plus rudement qu'à un autre. Il osait à peine passer par les promenades, car plus d'une fois il avait reçu une décharge formidable de boules de neige sans apercevoir ses assaillants. Le vieux professeur regardait en l'air, ne se doutant pas que Bineau et ses amis se cachaient derrière les meurtrières des remparts. Il en eut le sentiment et non la conviction. Ces ennemis que M. Delteil ne pouvait combattre augmentait sa timidité naturelle. Il se décida alors à traverser la ville pour se rendre au collège ; mais un jour en voulant ouvrir la porte de derrière, le professeur se trouva en face d'un amas de neiges tassées qui formaient une véritable muraille de glace.

M. Delteil descendit chez les marchandes de modes et conta le fait ; Berthe sortit et prit les remparts pour examiner comment avait pu se produire un amas de neige si considérable. Elle revint effrayée de la science architecturale qu'avaient déployée les mystérieux constructeurs de cette muraille. Ce n'était rien moins qu'une barricade composée de piquets fichés en terre, de lattes, de débris de bois, reliés par la neige, qui s'élevait du bas de la porte jusqu'au haut. Ce travail avait dû demander plus d'une heure et plus d'une main ; mais M. Delteil n'osa faire connaître quels garnements il soupçonnait, car ses souffrances avaient commencé.

A peine la classe était-elle ouverte que le professeur était révolté par des odeurs de pommes de terre et de pommes cuites. Dodin avait communiqué ses goûts de cuisine à la plupart des élèves, qui faisaient servir le four du poêle à la cuisson de divers aliments. M. Delteil eut le courage de confisquer les pommes cuites et de les faire emporter par le portier, qui s'empara de la fournée d'autant plus volontiers qu'elle faisait concurrence à son commerce ; mais M. Delteil fut puni de cet acte d'autorité. Dès le lendemain, il n'y eut plus moyen de faire de feu dans le poêle.

Quand le professeur entra dans sa classe, le poêle ronflait dans son enveloppe de fonte ; dix minutes après, il devint morne, et une épaisse et noire fumée se répandit insupportable pour les yeux. M. Delteil fit ouvrir les fenêtres, puis la porte; des tourbillons s'élançaient en nuages épais au dehors, sans empêcher d'autres tourbillons s'échappant du même foyer de se répandre au dedans.

Les élèves se plaignaient du froid, enfonçaient leurs casquettes sur les yeux et fourraient les mains dans les poches, regardant les capricieux fantômes qui, toujours suivis d'autres fantômes, sortaient du poêle.

La fumée dura deux jours ; le professeur de septième regardait les girouettes et consultait le vent, se disant qu'il était possible que sur une montagne la brusquerie des courants d'air amenât quelques désordres dans les cheminées.

L'industrie des pommes de terre ayant été rétablie par les élèves, la fumée disparut. Le portier, d'après les ordres du professeur, de nouveau procéda à une saisie ; mais la fumée recommença avec tant d'acharnement et le froid était tellement vif, que Bineau eut l'audace de proposer à M. Delteil de battre la semelle avec lui.

— Est-il possible ! s'écria le vieux savant, stupéfait de tant d'audace.

Le *tran tran* des pieds résonnant sur le carreau fit lever la tête au professeur.

— Messieurs ! s'écria-t-il.

Mais la partie du jeu connu qu'on appelle *battre la semelle* était engagée, et le bruit couvrait la voix de M. Delteil. Vingt-quatre jambes s'entrecroisant obéissaient à un rhythme régulier avec une rare habileté. Chaque coup de semelle retentissait comme un coup de marteau dans la tête de M. Delteil, qui, pour séparer les joueurs, descendit de la chaire, comptant que son approche ramènerait l'ordre ; mais le rhythme de la semelle est comme le tambour qui bat la charge.

Il était aussi dangereux de pénétrer dans le cercle des élèves que dans un bataillon carré. Non seulement les jambes, mais les bras se remuaient et revenaient frapper la poitrine comme pour y ramener la chaleur. Bineau surtout, plein d'ardeur dans son jeu, avait pour vis-à-vis le timide Larmuzeaux, et lui lançait des coups de pied à le renverser. Lagache et Cucquigny se livraient à la *difficulté* dans l'art de la semelle, cherchant à tirer des étincelles des fers qu'un cordonnier prudent attache aux talons des souliers des collégiens pour en prolonger la durée.

— Messieurs, je me retire! s'écria M. Delteil, qui désespérait de se faire entendre au milieu d'un tel vacarme.

La partie de semelle continuant, il rangea ses papiers, et sortit de la classe, laissant ses élèves sans chef. Mais à peine M. Delteil eût-il fermé la porte, qu'il se sentit embarrassé de cet acte. Était-il convenable d'abandonner ainsi la classe? Un professeur ne doit-il pas tenir tête à l'émeute? Fallait-il aller trouver le principal, qui, peut-être, rejetterait les torts de cette rébellion sur M. Delteil?

Telles étaient les raisons qui agitaient l'esprit

du pauvre homme, pendant qu'il se promenait à grands pas devant la porte de la classe ne sachant à quel parti s'arrêter.

Heureusement le tapage avait cessé presque aussitôt après la sortie du professeur. Les élèves étaient évidemment embarrassés de leur coup d'Etat. Après mainte hésitation, le vieux savant rentra, la tête basse, craignant les regards effrontés des mutins.

La fumée avait complétement disparu pendant sa courte absence. M. Delteil jugea qu'elle était le produit d'un complot.

— Messieurs, dit-il, je rentre parmi vous; mais ne comptez plus, à l'avenir, que je me laisse intimider par votre tapage. Je resterai dans ma chaire, dussiez-vous y mettre le feu. Il y a dans cette classe quelques mauvais sujets qui entraînent les autres ; je les connais, et je m'arrangerai pour que désormais ils ne puissent corrompre les bons. Leur conduite a été indigne ; ils se fient sur ma bonté. Eh bien ! puisque la modération ne fait rien, qu'ils craignent ma colère ! Il ne sera pas dit que la classe de septième est la plus mauvaise de tout le collège ; quelques esprits turbulents ne doivent pas empêcher leurs camarades de travailler. Demain jeudi, M. Bineau restera l'après-midi en prison. Je regrette d'en venir à de telles extrémités ; mais M. Bineau est un foyer de discorde : c'est lui qui remue tout ce qu'il y a de mauvais dans de jeunes esprits égarés.

— Est-ce ma faute, dit Bineau, si le poêle a fumé ?

— Malheureux! s'écria M. Delteil, au lieu de vous repentir et d'avouer votre crime, vous osez unir le mensonge à la perfidie!... Vous n'avez pas rougi de me proposer de battre la semelle, effronté ! A moi, à un homme de mon âge ! Cela est bon pour des polissons de votre espèce.

— Monsieur, mes parents me recommandent de ne pas m'enrhumer.

Taisez-vous, monsieur! Je souhaite que la prison vous fasse rentrer en vous et vous rende meilleur. Dieu sait l'avenir que vous vous réservez en vous jetant à corps perdu dans l'indiscipline! Encore si vous laissiez vos camarades tranquilles! mais j'ai des élèves aimant le travail, qui ne doivent pas être corrompus par le spectacle de votre conduite déréglée. Voyez, messieurs, si Charles-Marie a levé les yeux pendant vos tristes agitations ; il a continué à étudier, sachant que le travail est le meilleur préservatif contre l'entraînement des mauvaises passions. Charles-Marie recevra cinquante bons points pour sa tenue pendant vos violences ; tous ceux qui se sont laissé entraîner par M. Bineau, je les marque chacun de vingt mauvais points.

Ayant montré plus de courage que d'habitude, M. Delteil sortit inquiet, déterminé toutefois à ne plus faire de concessions. Le lendemain, qui était un jeudi, il envoya chercher le portier, et, en sa présence, fit enfermer Bineau dans le cachot, après avoir prévenu par un billet le principal de cette punition.

Le cachot, situé sous l'escalier du premier étage, est un endroit noir, qui donne dans la classe même. Le jour n'y entre que par un étroit judas percé dans la porte.

— Vous aurez soin, dit M. Delteil au portier, de n'ouvrir à M. Bineau qu'à huit heures du soir, quand ses camarades reviendront de la promenade.

Le portier ouvrit l'énorme cadenas qui gardait la porte, et la ferma bruyamment sur le prisonnier qui fondait en larmes. Les élèves regardaient en silence la réalisation d'une condamnation si rigoureuse. M. Delteil ayant pensé qu'un pareil spectacle sèmerait l'effroi parmi la bande des agitateurs, fit sortir tous les élèves et ferma lui-même la porte de la classe à double tour.

Vers les deux heures de l'après-midi, étant occupé à travailler dans sa chambre, le professeur entendit la musique du collège qui passait comme d'habitude devant le magasin des demoiselles Carillon. M. Delteil n'avait pas une vive passion pour les parades militaires et se dérangeait rarement en pareil cas ; mais un pressentiment lui fit regarder le défilé des collégiens.

A la tête, marchait le mélancolique tambour-major Larmuzeaux ; derrière lui les tambours. Le chef de musique, M. Ducrocq, se faisait remarquer, comme d'habitude, par sa haute taille, son chapeau plat à larges bords et sa petite clarinette ; mais M. Delteil frissonna, comme s'il eût aperçu un revenant, en voyant au milieu des musiciens le petit Bineau, le bras fourré dans le pavillon de son cor et fort occupé pour l'instant à marcher sur les talons d'un de ses camarades qui n'allait pas au pas.

M. Delteil crut se tromper. Il essuya le verre

de ses lunettes; l'erreur était impossible. Bineau se distinguait de la bande de ses camarades par des galons de caporal, insigne honorifique que lui avait décerné M. Tassin à la suite des articles du chef de bureau.

La vue de Bineau, sorti miraculeusement de prison, empêcha M. Delteil de travailler. Le professeur se demandait quel était l'être assez audacieux pour avoir ouvert la porte de la prison. Il se décida le lendemain à commencer une instruction à ce sujet à son entrée en classe; mais le jour suivant M. Delteil avait oublié la prison et la fuite de la prison. Cette idée ne se réveilla que quand le professeur aperçut, au milieu de la classe, Bineau le toisant effrontément.

— Monsieur, dit Bineau, M. Tassin a besoin de moi pour la musique, il ne veut pas que jamais on me condamne à la prison.

Bineau avait tellement appuyé sur *il ne veut pas*, que M. Delteil vit clairement qu'il n'était pas dans une situation à lutter avec le principal. Dès lors il se retira dans ses travaux habituels et laissa ses élèves se livrer à leurs dissipations naturelles, trouvant sa seule jouissance dans l'éducation de Charles-Marie, qui, pendant cinq semaines, mérita cinq fois d'obtenir la première place en composition. Cependant le professeur ne fut pas sans remarquer un certain trouble parmi les collégiens quand il prononça un samedi à haute voix l'ordre des places. Le nom de Charles-Marie provoqua des murmures.

Le lendemain, M. Delteil, mandé dans le cabinet du principal, s'y rendit avec un vague sentiment d'inquiétude ; à mesure qu'il montait une marche, il eût voulu en descendre deux. M. Tassin, enveloppé dans une large robe de chambre et coiffé d'une calotte de velours noir, brodée somptueusement de fils d'or, se tenait assis dans un fauteuil, comme un ministre donnant audience à un solliciteur.

— Monsieur, dit-il d'un ton impératif, vous donnez à mon collège un mauvais exemple. Aucune classe ne ressemble à la vôtre.

— Je fais pourtant des efforts, dit M. Delteil, pour contenir mes élèves...

— Ne m'interrompez pas, monsieur ; ce que j'ai à vous reprocher est grave, tellement grave qu'il est heureux que l'Université n'offre pas souvent de pareils exemples. Vous essayez de rejeter vos fautes sur la mauvaise conduite de vos élèves, et c'est vous le premier qui les autorisez à se conduire comme ils le font. Un professeur qui n'agit pas avec intégrité ne doit attendre aucun respect de ceux qui les dirige : il y a dans ces jeunes esprits un sentiment du juste qui les fait se révolter contre un maître qui n'accomplit pas ses devoirs. D'où part l'exemple? D'en haut ou d'en bas? Du professeur ou de ses élèves? Vous donnez le mauvais exemple, monsieur, et vos élèves vous suivent dans cette voie déplorable.

— Mais, monsieur le principal...

— Tout à l'heure, vous vous défendrez, quoique les faits parlent assez haut pour que votre justification soit impossible. Il n'y a qu'une voix, monsieur, contre le favoritisme que vous montrez envers un de vos élèves ; tous les autres lui sont sacrifiés...

— On vous trompe, monsieur le principal

— Si ce bruit m'était revenu par un de vos confrères, je croirais peut-être à de mesquines jalousies ; mais c'est au dehors qu'on se plaint le plus haut. Une personne considérable, et dont je respecte les avis, m'a prévenu de veiller à ce fait grave, qui peut m'enlever la sympathie des habitants de la ville. Voilà, monsieur, comment les meilleurs établissements tombent quand l'œil vigilant du chef n'aperçoit pas les symptômes qui en précèdent la ruine. Vous avez compromis mon collège par des actes de favoritisme, je le répète.

— Je ne sais vraiment que répondre, monsieur le principal.

— Je précise donc. Et M. Charles-Marie ?

— Que reproche-t-on à Charles-Marie ? s'écria M. Delteil.

— On se demande pourquoi vous l'avez fait sortir de la classe de huitième.

— Monsieur le principal, Charles-Marie était trop fort pour les autres élèves; son ancien professeur en est tombé d'accord, et vous-même avez autorisé cette mutation.

— En effet, monsieur, je me suis laissé prendre à vos piéges.

M. Delteil poussa un soupir et leva les yeux au ciel.

— A vous voir, dit M. Tassin, on ne se douterait pas de la profondeur de vos combinaisons; mais puisque vous feignez d'ignorer la cause de mon irritation, je veux vous la faire connaître Vous teniez à avoir M. Charles-Marie dans votre classe, pour le favoriser aux dépens de ses camarades ! Il n'y a qu'une voix là-dessus. M. Charles Marie est trop souvent le premier pour qu'il en soit autrement. Quand un élève arrive en huitième sans savoir un mot de latin, pour sauter presque aussitôt dans une classe supérieure et obtenir les premières places dans la plupart des branches des études classiques, un fait si insolite mérite d'être contrôlé.

— Charles-Marie a des dispositions particulières.

— Vous croyez sans doute me faire passer le protégé des demoiselles Carillon pour un enfant sublime ! Comment se fait-il qu'à peine a-t-il passé le seuil de votre classe, M. Charles-Marie ne sache plus rien, à tel point qu'un professeur de la valeur de M. Goudrillas le cite dans ses notes comme un enfant borné ?

— Monsieur le principal, moi-même, je n'ai pu, de ma vie, malgré les plus vifs efforts, me rompre aux combinaisons des nombres.

— Vous prononcez là votre condamnation, monsieur. Si vous étiez porté vers les sciences mathématiques, il est certain que M. Charles-Marie apporterait à son professeur des compositions admirables. Monsieur Delteil résoudrait les problèmes de son élève, et son élève serait classé le premier, comme pour les thèmes et les versions.

— M'accuseriez-vous, monsieur le principal, de faire les devoirs de Charles-Marie ?

— Telle est l'opinion générale, monsieur, et j'ajoute que vous y mettez peu de pudeur : vous logez chez des personnes qui s'intéressent à votre élève, personnes assez mal vues dans la ville...

— Oh! monsieur.

— Un régent de septième devrait-il fréquenter des femmes que l'opinion publique n'a pas surnommées sans raison : *Les trois-sans-hommes?*

— Quelle indignité! s'écria M. Delteil.

— Si vous l'ignoriez, monsieur le professeur, je dois vous édifier sur le compte de vos hôtesses, qui ne vivent guère, dit-on, de leurs travaux d'aiguilles. Mais j'en reviens à l'élève en question ; vous arrivez avec lui en classe, vous sortez de classe avec lui ; convenez de la légitimité des accusations de favoritisme qui se font entendre de toutes parts. Tant que votre élève est avec vous, c'est un aigle ; qu'il passe dans d'autres mains, c'est un oison. Croyez-vous que le cri public n'ait pas le droit de vous attribuer une bonne part dans les compositions du jeune Charles-Marie ?

— Monsieur le principal, dit M. Delteil, j'ai trouvé un enfant plein de bonne volonté et d'intelligence. Est-ce un crime de lui donner des conseils et des leçons ?

— Et voilà l'homme, s'écria M. Tassin, qui refusait de donner des répétitions à ses élèves ! Vous ne renierez sans doute pas vos propres paroles, lorsque, pour la première fois, vous vous présentâtes dans mon cabinet, invoquant un immense travail qui ne vous laisse pas de loisirs depuis quinze ans.

— Je le répète encore, monsieur le principal.

— Ne sont-ce pas des répétitions qu'il vous plaît d'appeler conseils et leçons ? Avez-vous le droit de donner des répétitions à un seul de vos élèves, qui devient privilégié et dépasse forcément ses camarades ?

— Je n'ai pas voulu que Charles-Marie surpassât ses camarades ; au début, il était plus faible qu'eux, je l'ai mis de niveau avec les élèves les plus avancés de ma classe ; son intelligence a fait le reste.

— Vous avez réponse à tout, monsieur, mais à

quel titre avez-vous accordé à un orphelin sans autres relations que celles de pauvres marchandes de modes, ce que vous refusiez à moi, principal du collège ? Si je vous ai parlé de répétitions, c'était dans votre intérêt, autant pour augmenter vos émoluments que pour renforcer les études qui sont médiocres dans les basses classes.

— Je vous remercie, monsieur le principal, dit M. Delteil, de l'intérêt que vous semblez me porter ; mais puisque vous parlez de favoritisme, j'en vois la source dans ces répétitions, les gens sans fortune ne pouvant jouir des avantages des riches.

— Cessez, monsieur, vos maximes détestables ! continua M. Tassin indigné ; je suis trop bon d'écouter de tels sophismes. L'Université, dans sa haute sagesse, a permis les répétitions, et vous osez vous poser en adversaire d'hommes considérables qui n'ont pas résolu cette question à la légère ! Vous êtes un ennemi de l'Université !

— Oh ! monsieur le principal ! s'écria M. Delteil.

— Les jésuites ne tiendraient pas un autre langage.

M. Delteil voulut répliquer.

— Assez, monsieur, sur ce sujet. Vous voulez lutter contre l'Université; nous verrons qui l'emportera.

M. Delteil s'en revint, à la suite de cette dure admonestation, la tête perdue; il lui semblait que son cerveau se brouillait et se remplissait de troubles et de fumée. Le vieux savant prit le chemin des remparts, espérant que le grand air rendrait quelque fraîcheur à son sang; mais déjà M. Delteil marchait avec peine et distinguait à peine la campagne, qui lui paraissait enveloppée dans un brouillard épais.

Arrivé près d'un lavoir au bas de la promenade de la Plaine, le bruit de l'eau tombant dans un bassin de pierre le rappela un moment à la réalité. Il eut l'instinct de descendre dans le lavoir, de prendre de l'eau dans le creux de sa main et de s'en baigner le front; mais il retomba sans mouvement près du bassin.

— Voilà un vieux monsieur qui a l'air de se trouver mal, dit une lessiveuse qui avait remarqué la marche trébuchante du professeur.

A force d'eau et de compresses mouillées, les lessiveuses tirèrent M. Delteil de son évanouissement; mais il était plus pâle que leur linge.

Heureusement, l'une d'elles, qui faisait le blanchissage des demoiselles Carillon, le reconnut, et avec l'aide d'une de ses compagnes, parvint à ramener le professeur chez lui.

M. Delteil, tout le long du chemin, tenait des discours sans suite qui se ressentaient de sa conversation avec le principal; une forte fièvre s'était emparée de lui. Sophie Carillon envoya chercher M. Triballet.

— Pourquoi, dit-elle à Charles-Marie, n'es-tu pas revenu du collège avec M. Delteil?

— M. Tassin l'a fait demander; après avoir attendu une demi-heure, j'ai cru qu'il était occupé pour longtemps.

— Qu'est-ce qui a pu se passer? s'écriait Sophie émue.

— Humph! fit M. Triballet. Fièvre chaude, transport au cerveau... très dangereux... Il faut d'abord voir à le saigner... Et votre savant n'est pas robuste!

— Faut-il appeler un autre médecin? monsieur Triballet, dit Sophie.

— Vous voulez m'humilier, mademoiselle Sophie.

Alors M. Triballet sortit en toute hâte chercher

sa trousse. Sophie, penchée sur le malade, étudiait les symptômes de souffrance qui passaient sur sa figure. Tout à coup elle tressaillit :

— *Les trois-sans-hommes*, avait balbutié M. Delteil.

— Lui aussi, s'écria-t-elle en tombant sur une chaise.

Sophie se figurait quelquefois que le cruel sobriquet était sorti de la mémoire des habitants de Laon et qu'elle et ses sœurs désormais pouvaient vivre tranquilles sans être exposées à entendre cette injure ; et l'accident du professeur lui remettait en mémoire le jour fatal où elle découvrit le mot fatal sur les volets de la boutique ! M. Delteil continuait à murmurer des paroles incompréhensibles ; Sophie crut que son oreille l'avait trompée. Comment le vieillard, qui ne fréquentait personne, qui sortait à peine de chez lui, pouvait-il avoir connu cette appellation ?

Au milieu des paroles sans suite que le délire enfantait dans la tête de M. Delteil, Sophie remarqua avec surprise le nom de Charles-Marie ; mais elle attribua ce souvenir à l'affection que le professeur portait à son élève. Elle allait et venait dans la chambre avec inquiétude cherchant sans espoir un moyen de guérison, lorsque pour la sedonde fois M. Delteil prononça distinctement : « *Les trois-sans-hommes.* » Il n'y avait plus à s'y tromper ! Sophie fléchit sur ses jambes, un voile passa sur ses yeux, ses mains se crispèrent ; mais la pensée de la maladie grave du professeur fit qu'elle lutta pour vaincre sa faiblesse.

Les pensées les plus tristes s'emparèrent d'elle. Peut-être était-ce le fatal sobriquet qui avait porté un si cruel coup à M. Delteil ? Sophie en vint à penser que le professeur avait pu l'entendre répéter au collège : alors une amertume plus vive encore s'emparait du cœur de la marchande de modes. Si cette injure était connue au collège, Charles-Marie devait l'avoir entendue. Les enfants imaginent de si cruelles plaisanteries !

Une autre pensée poignante traversait l'esprit de l'aînée des marchandes de modes. Ce mot qui avait frappé l'imagination de M. Delteil pouvait revenir à chaque instant, de plus en plus accusé.

— Docteur, dit Sophie à M. Triballet, priez mes sœurs de ne pas entrer dans la chambre du malade ; le moindre bruit lui cause une dangereuse irritation.

— Il faut pourtant quelqu'un pour le soigner, demanda M. Triballet.

— Ne suis-je pas là ? dit Sophie.

— Et la nuit ?

— Je la passerai.

— Vous avez déjà une brillante santé pour l'exposer à de telles fatigues ? Une nuit ne suffit pas, il en faudra peut-être dix.

— Eh bien, je travaillerai près du lit de M. Delteil.

— Quel dévouement pour un bonhomme qui ne vous en saura peut-être aucun gré ! Car je doute qu'il en revienne.

— Est-il possible ! s'écria Sophie.

— Que voulez-vous ? il n'a plus de forces.

— Parlez plus bas, docteur, s'il vous entendait !

— Ne craignez rien, votre savant a la tête occupée ailleurs. Mais, pourquoi ne voulez-vous pas que vos sœurs prennent un moment votre place ?

— Parce que... dit Sophie en s'interrompant tout à coup.

— Parce que ? demanda M. Triballet.

Sophie ne répondait pas.

— C'est de l'entêtement, dit le médecin avec humeur.

— Je tiens à garder moi-même M. Delteil, il sera mieux soigné... Caroline est fatiguée et Berthe est trop vive pour ne pas remuer dans la chambre.

— Qu'est-ce que dit donc le savant ? demanda M. Triballet qui se leva pour approcher du lit.

Sophie se précipita entre le médecin et le lit du malade.

— N'écoutez pas, dit-elle en frissonnant.

M. Delteil venait de prononcer de nouveau l'injure qui entrait comme un poignard dans le cœur de Sophie.

— N'écoutez pas ! répéta le docteur en roulant ses gros yeux et en regardant tour à tour le malade et la marchande de modes. Il y a donc un mystère.

Mademoiselle Carillon ne répondait pas.

— Mademoiselle Sophie, dit le docteur avec un soupir, vous me cachez quelque chose que j'ai le droit de savoir.

— Le droit ! s'écria Sophie.

— Oui, comme médecin je dois tout savoir ; comment voulez-vous que je guérisse votre savant si sa maladie tient à un secret que vous seule semblez connaître ?

— Docteur, dit Sophie, vous êtes bon ; quoique vous n'ayez jamais manifesté qu'une médiocre sympathie pour ce pauvre M. Delteil, laissez-vous aller à votre bonne nature, tâchez de le guérir.

— Je ne peux vous promettre que le possible.

— Mon Dieu ! s'écria-t-elle.

Cet accent alla au cœur de M. Triballet.

— La maladie n'est pas encore nettement dessinée, je ne sais dans quelle partie du corps elle portera ses ravages ; mais je vous promets d'employer mon savoir à la combattre... Puis-je mieux dire ?

— Docteur, donnez-moi la main, vous êtes un cœur d'or ; je vais vous dire ce que je vous cachais depuis si longtemps. Vous rappelez-vous le jour de ma première attaque ?

— Certainement, mon enfant.

— J'ai manqué de confiance avec vous, docteur ; j'aurais dû vous dire que ces attaques venaient de ce qu'un jour j'avais trouvé sur les volets de lâches insultes pour trois filles qui vivent honnêtement de leur travail et n'ont jamais cherché à nuire à personne !

— Je le savais, dit M. Triballet ému.

— Et vous ne m'en avez jamais parlé !

— A quoi bon, fit le docteur, renouveler vos chagrins ! Je vous ai toujours entendu dire que vous ne vouliez pas vous marier.

— Oh ! non ! s'écria Sophie tristement.

— Mais je ne vois pas de rapport entre ce fait et la maladie du professeur Delteil ?

— Dans son délire, M. Delteil répète le mot qu'on a écrit sur les volets de la boutique.

— Il l'aura peut-être entendu circuler dans la ville, dit le docteur.

— Ces choses-là se répètent donc encore ? demanda Sophie avec tristesse.

M. Triballet semblait hésitant.

— Moins, très peu même; dans les commencements, je ne dis pas. Il y a tant de gens qui n'ont rien à faire ! Aujourd'hui le mot est oublié, je ne l'entends plus aussi souvent, je ne l'entends plus du tout. Et vous vous affligez de ce que le professeur en ait connaissance ?

— Cela a dû frapper vivement l'esprit de M. Delteil, puisqu'il s'en souvient dans son délire.

— Il ne faut pas plus croire au délire qu'aux

rêves ; les malades s'appesantissent sur des faits indifférents, on ne sait pourquoi. Ils parlent de choses auxquelles ils n'ont jamais songé.

— Voilà pourquoi je ne veux pas que Berthe entre dans cette chambre... Elle ne sait rien, il vaut mieux qu'elle ignore...

— Voulez-vous, dit M. Triballet, un conseil pour hâter la guérison du professeur ?

— Dites, que faut-il faire ?

— Le transporter à l'hôpital.

— Oh ! docteur ! s'écria Sophie.

— Le mot vous fait peur ; cependant, si j'étais malade, j'aimerais mieux être soigné à l'hôpital que de languir chez moi.

— Mieux soigné ! répétait Sophie, vous ne me connaissez guère, docteur. Je veux faire pour M. Delteil ce que ferait sa mère. Est-il convenable qu'un professeur du collège aille à l'hôpital ?

— De plus grands seigneurs que lui y ont passé, qui ne s'en trouvaient pas plus mal.

— Je vous en prie, docteur, ne me dites plus ce vilain mot.

— Laissons l'hôpital de côté, dit M. Triballet.

Cependant Sophie s'écriait :

— Comment, docteur, aviez-vous pu penser

que j'abandonnerais ainsi ce pauvre M. Delteil aux soins d'infirmiers.

— Permettez, mademoiselle Sophie, les malades sont soignés par des sœurs de charité.

— Sans doute, les sœurs de charité sont admirables de dévouement ; mais je veux les dépasser.

— Quelle femme ! s'écriait M. Triballet.

— Docteur, je ne vous demande qu'un service : vous m'avez promis de bien soigner mon pauvre malade ?

Sophie prit la main du docteur :

— D'avance, je vous remercie et vous en serai éternellement reconnaissante.

VII

Un baryton de province. — Le dictionnaire de M. Delteil.
Caroline.

L'habitude des jeunes gens de Laon est de se promener dans l'hiver, vers cinq heures du soir, sur la place du Bourg. Alors les couturières sortent pour goûter, les employés quittent leurs bureaux, les élèves leurs classes ; c'est un va-et-vient relativement considérable pour une ville dont la plupart des rues sont désertes. L'espace situé entre la place du Bourg et le puits Saint-Julien pourrait représenter le mouvement du

Palais-Royal à la tombée de la nuit, si un grain de sable donnait la mesure d'un rocher.

La rue de Vaux, où demeurent les demoiselles Carillon, n'offre pas la même animation ; toutefois, l'hôtel du *Griffon,* qui y est situé, amène aux heures de la table d'hôte des voyageurs de commerce et quelques employés de la ville.

Caroline Carillon remarqua entre autres un jeune homme qui prenait ses repas au Griffon, et qui plus d'une fois lança un coup d'œil prolongé dans la boutique des marchandes de modes. Ce regard fut la cause de la mélancolie de Caroline, qui, malheureusement pour elle, bientôt connut le nom de l'inconnu.

M. Jannois, inspecteur à la poste, qui dès son arrivée à Laon était devenu un des hommes à la mode de la ville, passait dans les salons pour un chanteur merveilleux, et les dames Marcillet firent sa réputation, car le commis de la poste fut invité à leurs soirées musicales et donna un ton artistique au seul salon de Laon où le chant et le piano fussent en honneur.

La barbe peignée avec soin, le teint olivâtre, la figure allongée, M. Jannois offrait un de ces types que les femmes adorent chez les premiers rôles de l'Ambigu. Il tournait un compliment avec de certains sourires inconnus aux provinciaux ; aussi ne s'expliquait-on pas la maigre place de commis de la poste avec cette apparence de distinction. La vérité est que M. Jannois, élevé à Paris en vue du Conservatoire de musique, avait rêvé un moment la vie des chanteurs d'opéras ; mais, quoique averti au début par un professeur, qui tenta de lui faire comprendre qu'une voix agréable ne mène à rien, l'élève ne comprit pas la vérité de ces conseils ; il sortit du Conservatoire, et essaya sans succès pendant deux ans de se faire une réputation dans les concerts.

Quand vint la misère, il fallut que Jannois songeât à sortir de sa position.

Ayant sollicité une place dans les postes, le ténor passa dix ans en province, accueilli par l'aristocratie, et trouvant dans certaines maisons son couvert mis deux fois par semaine, grâce à son renom de musicien ; cependant il se sentait isolé à Laon, quoique reçu par les familles qui se piquent de dilettantisme : le cercle était restreint et le beau ténor menaçait de succomber à l'ennui si un jour, il n'eut aperçu, à travers les fenêtres de l'hôtel, Caroline Carillon travaillant à un ouvrage de broderie.

A partir de ce moment, Jannois resta seul, après le dîner des pensionnaires, dans la salle à manger de l'hôtel du Griffon, se rendit compte des habitudes des marchandes de modes, et un jour entra dans la boutique à l'heure où Sophie et Berthe étaient allées faire un tour sur la promenade Saint-Just, Caroline rougit extrêmement, et répondit à M. Jannois, qui lui demandait une romance.

Le fait de vendre de la musique tenait du miracle.

Caroline apporta un paquet de romances jaunies, qui avaient peut-être dix ans de date; mais ce n'était pas ce qui inquiétait Jannois. Tout en feuilletant le paquet, il regardait Caroline et lui adressait des compliments d'un ton si séduisant. qu'elle croyait entendre des variations jouées par un instrumentiste habile.

Le commis de la poste se plaignit vivement de sa situation à Laon, de la solitude dans laquelle il vivait; sa mine et ses yeux annonçaient une telle mélancolie que Caroline se laissa prendre à ces apparences. M. Jannois, ayant eu l'art d'intéresser la marchande de modes à des amertumes factices, demanda et obtint la permission de venir quelquefois faire sa cour le soir.

Caroline comprenait qu'elle agissait légèrement en recevant le jeune homme pendant l'absence de ses sœurs; souvent elle voulut l'avouer à Sophie, mais elle était retenue par la crainte des reproches de son aînée.

La maladie de M. Delteil accéléra cette liaison. Les deux sœurs sortaient plus rarement : Sophie ne quittait pas la maison et passait le temps dont elle pouvait disposer auprès du malade; mais Berthe restait dans la boutique et empêchait Caroline de recevoir M. Jannois.

Pendant deux soirs, le commis de la poste se promena devant la boutique. Caroline, de crainte que Berthe ne remarquât ce manège, eut la faiblesse de répondre un mot à M. Jannois, le suppliant de ne pas la compromettre par ses attentions. Le soupirant ne quitta pas la place qu'il n'eût obtenu un rendez-vous ; mais Caroline était décidée à prier M. Jannois de ne plus chercher à la revoir.

Ayant prétexté une acquisition à faire dans le voisinage, elle laissa Berthe garder le magasin, et s'élança tremblante sous la voûte de l'hôtel du Griffon, qui mène aux remparts.

— Monsieur, dit-elle, oubliez-moi, nous ne pouvons nous revoir.

Mais Jannois avait pris ses mains et les serrait sans répondre.

— Laissez-moi, monsieur, on peut nous rencontrer.

Caroline était tremblante, en proie à une vive émotion. Alors M. Jannois se mit à parler de son amour qui durait depuis si longtemps.

Les conversations amoureuses semblent activer le mouvement des horloges : Caroline tressaillit tout à coup en entendant l'horloge de la cathédrale sonner lentement et longuement.

— Minuit ! s'écria-t-elle.

— Il n'y a pas une heure que nous sommes ensemble, Caroline.

— Il faut que je rentre... Pourquoi suis-je venue ?

— Demain soir, disait Jannois, je vous attendrai à la même heure, ma chère Caroline.

— Oubliez-moi, monsieur ; je suis déjà trop malheureuse.

— Demain, reprit Jannois, j'irai vous tenir compagnie chez vous.

— Oh ! vous ne le ferez pas, n'est-ce pas ?... Je viendrai plutôt.

— Vous me le promettez ?

— Oui, à la même heure.

Caroline rentra chez elle en détournant la tête, tant elle craignait que son émotion ne fût remarquée.

— Que tu as été longue ! lui dit sa sœur.

Caroline s'excusa en répondant qu'elle avait entendu parler d'un incendie dans un village de la vallée, et qu'elle avait, ainsi que beaucoup de curieux, cherché à s'en assurer en regardant du haut des remparts. Pour éviter d'autres questions, elle fredonnait en remuant divers objets dans la boutique.

Sans y mettre de malice, Berthe s'écria :

— Tu es gaie ce soir ; est-ce d'avoir vu l'incendie ?

Caroline fut embarrassée un instant.

— Je ne me réjouirais pas, dit-elle, de savoir qu'une ferme brûle ; mais l'air m'a fait du bien.

— Comme tu es singulière ! reprit Berthe. Tu ne voulais pas te promener avec nous à l'automne ; maintenant qu'il gèle, tu trouves le temps à ton gré.

Caroline, pour briser cet entretien, répondit sèchement à sa sœur.

Cette petite querelle irritait Caroline, qui rougissait d'ajouter un mensonge au bout de chaque parole : cette discussion fut heureusement terminée par l'arrivée de M. Triballet, qui descendait l'escalier après avoir passé la soirée avec Sophie Carillon auprès du lit du malade.

— Eh bien ? lui demanda Berthe.

— Toujours la fièvre et toujours un peu de délire; mais nous touchons au bout, je l'espère...

Le lendemain, Charles-Marie revint en pleurs du collège : la maladie de M. Delteil l'avait empêché deux jours d'aller en classe. Pendant son absence, un maître d'études avait dicté aux élèves un thème pour servir de composition ; Charles-Marie, n'ayant pas la dictée, ne put composer et fut classé le dernier sur la liste, au grand contentement de ses camarades. M. Tassin, qui entra par hasard dans la classe de septième, jeta un regard sur le tableau des places.

— Ah ! dit-il, M. Charles-Marie est le dernier,

lui qui est toujours le premier ! On voit que M. Delteil n'est pas là.

Les élèves, encouragés par le principal, accueillirent avec des rires bruyants cette méchanceté. Charles-Marie, humilié, dit ce qui était arrivé, qu'il n'avait pu faire un thème dont la dictée lui manquait.

— Tout cela est bien imaginé, dit M. Tassin ; mais ne vous seriez-vous pas absenté avec intention le jour de la dictée, afin de donner un motif raisonnable...? Qu'aviez-vous à faire auprès de M. Delteil ? Êtes-vous, par hasard, son médecin ou son pharmacien ?

Les élèves rirent de plus belle. Charles-Marie ajouta que sa tante l'avait retenu deux jours à la maison.

— Mon petit monsieur, reprit d'un ton sarcastique le principal, vous avez perdu un maître qui vous était bien dévoué, et qui vous aurait rendu bien savant... Dites-moi ? est-ce que vos devoirs vous coûtaient beaucoup de travail ?

Charles-Marie n'osait lever la tête, se sentant entouré d'ennemis. Les larmes lui montaient aux yeux; et pourtant il faisait de vifs efforts pour les empêcher de couler.

— Allons, dit M. Tassin, quand M. Delteil sera guéri, vous serez plus heureux dans vos compositions, n'est-ce pas, cher petit monsieur ?

De grosses larmes tombèrent alors à flots sur le papier de l'écolier, qui revint chez les marchandes de modes sans pouvoir cacher les traces de cette humiliation.

Sophie fut vivement touchée du chagrin de Charles-Marie. Comme l'enfant ne répondait pas à ses questions, Sophie crut que son amour-propre avait été froissé d'être le dernier ; mais le lendemain, Charles-Marie manifesta une telle répugnance pour aller au collège, que la marchande de modes pensa qu'il avait eu affaire à un nouveau professeur brutal. Si la maladie de M. Delteil n'eût réclamé encore ses soins, elle eût été s'en expliquer avec M. Tassin.

Cependant, peu à peu, le délire s'en alla avec la fièvre, et un matin, le vieux professeur fut étonné de voir l'aînée des trois sœurs, pâle et assoupie dans un fauteuil près de lui. M. Delteil, étonné et se croyant le jouet d'un songe, essaya de se lever ; mais les forces lui manquaient : il retomba sur son lit, et ses mouvements réveillèrent Sophie.

— Ah ! s'écria-t-elle oubliant ses fatigues, vous voilà donc mieux !

— Est-ce que j'ai été malade ?

— Quinze jours sans connaissance.

— Quinze jours ! dit M. Delteil, grand Dieu !... Et mon dictionnaire !

— Quel dictionnaire ? demanda Sophie.

— Je suis bien en retard, dit-il... Faites-moi voir mes papiers, ma chère demoiselle.

Sophie alla vers le bureau sur lequel étaient amoncelées des notes.

— Est-ce ceci ? dit-elle.

— Oui ! oui, s'écriait le professeur avec un accent de joie.

Sophie prit les feuillets avec précaution et les porta sur le lit du malade ; en même temps elle tira les rideaux de la fenêtre, et le soleil se précipita dans la chambre.

— Le beau soleil, dit M. Delteil, et qu'il fait bon de vivre !

Il remuait tous les papiers, se relisait avec attendrissement, et regardait les feuillets comme des amis qu'on n'a pas vus depuis longtemps.

— Excusez-moi, mademoiselle Sophie, dit le professeur, je vous oublie ; vous me trouvez bien ingrat, n'est-ce pas ?... Voulez-vous me permettre de vous serrer la main ?

Alors seulement il s'aperçut de son amaigrissement, en comparant sa main avec celle de la marchande de modes. Sophie comprit sa pensée.

— Dans huit jours, dit-elle, il n'y paraîtra plus ; d'abord, je veux que vous mangiez un peu aujourd'hui. Comme vous devez avoir faim !... Cependant, il ne faut pas faire de folies ; je le demanderai à M. Triballet... Je vous ferai du bouillon de poulet bien léger, pour que vous guérissiez tout de suite.

Le vieux savant ne savait que répondre, ému des bontés de la marchande de modes. Depuis trente ans qu'il vivait seul, il n'était pas habitué à de tels soins, à de semblables délicatesses. Trop timide pour entrer en relations avec les personnes qu'il rencontrait, le professeur avait fait de son dictionnaire sa vie, de ses manuscrits ses enfants ; hors de là, il ne soupçonnait rien dans le monde. Sa taciturnité, son maigre équipement intéressaient médiocrement en sa faveur ; ses supérieurs ne faisaient pas attention à lui, ses confrères en rougissaient, ses élèves le tournaient en ridicule.

Le rôle qu'il jouait dans la société, M. Delteil ne s'en était pas affecté : ou si quelque pensée de ce genre avait un moment passé par sa tête, le travail l'en chassait immédiatement. Il dut à sa convalescence de connaître l'amitié. La sœur de charité qui panse les plaies du soldat blessé, l'homme du peuple qui se dévoue pour sauver un malheureux qui se noie, le prêtre portant des paroles d'espérance au mourant furent dépassés par la marchande de modes, que M. Delteil crut un ange descendu sur la terre. Alors seulement le professeur découvrit une nouvelle vie où l'air semblait plus pur, le ciel plus clair, les arbres plus verts, les hommes meilleurs : ce paradis était dû à l'influence de Sophie, et bientôt la convalescence porta ses fruits.

Un matin, en se réveillant, M. Delteil se surprit à fredonner une vieille chanson qu'il avait entendue dans son enfance ; il sauta résolûment à bas du lit pour la première fois depuis sa maladie et courut à son miroir, n'étant pas certain que cette gaieté s'échappât de ses lèvres. Il ouvrit la fenêtre ; la gelée avait blanchi les chemins. La montagne de Vaux, dans ses sinuosités, mène au faubourg, où sont groupées autour de l'église des maisons couvertes en ardoises brillantes. Au pied de la montagne, la Grange-Lévêque rappela au vieux professeur la légende d'un évêque lancé du haut de la citadelle dans un tonneau garni de clous à l'intérieur. En d'autres circonstances, M. Delteil eût peut-être comparé sa situation à celle du martyr ; mais il oubliait ses souffrances passées en dirigeant ses regards vers la longue montée de Chambry, dont la bordure de peupliers ne s'arrête qu'à l'horizon. Sophie surprit le professeur dans une sorte d'extase.

— Comment ! dit-elle, vous voilà levé, monsieur Delteil, et sans avoir mangé ?... C'est d'une imprudence ! Vous allez prendre froid.

— Je me sens mieux, dit le professeur.

— N'importe, dit Sophie en se débarrassant d'un châle de laine dont elle lui enveloppa le cou.

Comme un enfant, M. Delteil se laissa emmaillotter.

— Je me suis levée, dit la marchande de modes, avec la pensée que vous étiez tout à fait mieux, et j'ai fait ce matin du bouillon que Berthe vous portera tout à l'heure.

— Comment pourrai-je reconnaître votre dévouement, mademoiselle ? disait M. Delteil.

— N'est-ce pas naturel ?... Vous devez avoir froid avec votre habit! ajouta Sophie. Attendez, je vais chercher une robe de chambre qu'un de nos locataires a laissée en partant; elle n'est pas absolument neuve, mais elle sera plus chaude qu'un habit.

Le vieux professeur avait des larmes de reconnaissance dans les yeux.

En un clin d'œil, Sophie, accompagnée de Berthe, apporta du bois, un bouillon et la robe de chambre; M. Delteil eût donné dix ans de sa vie pour baiser la main de la marchande de modes.

Quand il se trouva assis près d'un feu clair et pétillant, enveloppé dans la robe de chambre, appuyé sur un coussin dont Sophie avait garni le fauteuil, sa petite table devant lui, M. Delteil pensa qu'il rêvait.

— Mademoiselle ? disait-il.

— Monsieur, avez-vous besoin de quelque chose ?

— Je voudrais vous entendre parler.

Le vieux professeur se sentait la tête vide d'idées et de souvenirs; et pourtant son cerveau lui paraissait jeune, frais et disposé à saisir des impressions nouvelles.

— J'enverrai aujourd'hui de vos nouvelles au collège.

— Le collège ! dit M. Delteil qui se souvint, à ce moment, qu'il était professeur. Et notre ami Charles-Marie ?

— Il reste ici depuis votre maladie ; mais cela ne l'empêche pas d'étudier. Il lit les livres que vous avez bien voulu emprunter pour lui à la bibliothèque.

En ce moment, le crocodile, M. Tassin, les tourments causés par les élèves revinrent à l'esprit de M. Delteil, dont les rides se creusèrent.

— Qu'avez-vous ? dit Sophie.

— Ah ! mademoiselle, pourquoi faut-il que je vous quitte après tant de bontés ?

— Me quitter ? s'écria la marchande de modes.

— Oui, mademoiselle, quitter Laon ! Je serai sans doute appelé ailleurs.

M. Delteil poussa un soupir.

— Cela est impossible, dit Sophie ; d'ailleurs, je ne veux pas que vous vous en alliez.

— Vous ne le voulez pas ! s'écria d'un ton ému M. Delteil en regardant Sophie, attristée de cette nouvelle, et qui, d'un sourire amical, semblait le prier de rester.

— Est-ce que vous ne vous trouvez pas à votre aise à la maison? demanda Sophie.

— Oh! mademoiselle!

— D'abord, Charles-Marie a besoin de vous. Pourrait-il continuer ses études si vous n'étiez pas auprès de lui?

— Mais, mademoiselle, l'année prochaine il entrera dans une autre classe, et il faudra nous séparer.

— Qu'importe, vous le verrez à la maison, vous lui donnerez des conseils... il vous aime tant!... Pourquoi d'ailleurs ne monteriez-vous pas en grade?

— Je n'ai jamais sollicité, dit M. Delteil; on m'a oublié.

— C'est une faute de rester à l'écart, dit Sophie; il faut se remuer. En demandant, vous monteriez d'une classe, et Charles-Marie serait encore sous votre direction.

— Je n'y ai jamais songé, dit M. Delteil, et vous avez peut-être raison. Oui, j'écrirai au recteur, je ferai valoir mes titres...

De jour en jour mademoiselle Carillon triomphait des résistances du professeur; elle le décida à prendre ses repas avec ses sœurs, pendant sa convalescence. La marchande de modes avait deviné les tristes dîners de M. Delteil et les privations qu'il s'imposait; elle eut la délicatesse de ne pas lui montrer qu'elle connaissait son secret.

— Vous mangez au restaurant, lui dit-elle; mais dans le meilleur, la cuisine ne vaut rien pour un malade. Vous avez besoin de bons bouillons de famille quelque temps... Quand vous serez fatigué de notre ordinaire bourgeois, je vous laisserai retourner à votre restaurant.

M. Delteil, qui se nourrissait le plus souvent de pain et d'une mince tablette de chocolat, eût voulu s'écrier : C'est une cuisine de prince que vous m'offrez! Mais il était retenu, plus encore par le sentiment qui le poussait à cacher sa vie que par amour-propre. Dans combien de détails n'eût-il pas fallu entrer! Comprendrait-on ses espérances, ses travaux? Une femme pouvait-elle admettre qu'on sacrifiât ses appointements à l'impression à un seul exemplaire du fameux dictionnaire, quand, au début de sa vie, de célèbres érudits, ses amis, avaient blâmé ce projet?

L'imprimeur lui-même n'avait-il pas souri de cette bizarre commande d'imprimer un dictionnaire à un exemplaire ?

Les manuscrits de M. Delteil nécessitaient des frais considérables : biffés, rebiffés, raturés, grattés, chargés, ils auraient fait fuir les plus consciencieux savants ; aussi M. Delteil, qui nourrissait l'idée d'élever un monument scientifique, ne crut mieux faire, pour avoir une copie à peu près nette de ses travaux, que de donner à nettoyer ses manuscrits à l'imprimerie ; mais elle est coûteuse l'impression d'un livre en langue étrangère ! C'était le tonneau des Danaïdes, dans lequel M. Delteil jetait tous les mois la majeure partie de ses maigres appointements. Le vieux savant s'était résolu à ne jamais parler à personne de la tâche difficile qu'il s'imposait et il vivait de la sorte depuis trente ans !

Sa maladie lui ouvrait un autre monde ; Sophie Carillon fut la principale découverte de ce nouveau monde. Toutefois en reprenant possession de sa mémoire, le professeur se souvint de la façon méprisante dont M. Tassin avait parlé des marchandes de modes.

Devenu tout d'un coup observateur, M. Delteil trouva sur la figure de Sophie les traces d'empoisonnement moral dont sont souvent atteintes les belles âmes des petites villes. Un front plissé par moments, un regard perdu dans le lointain, un sourire délicat et triste, la tête affaissée, telle était l'aînée des demoiselles Carillon, à qui les amertumes de la vie avaient communiqué une beauté particulière.

Les observations de M. Delteil germèrent pendant sa convalescence. Une fréquentation assidue, les soins de mère dont était prodigue la marchande de modes envers le savant, firent plus en quinze jours que sa vue depuis un an; car, plongé dans ses recherches scientifiques, M. Delteil passait auprès d'un individu sans se rendre compte s'il était masculin ou féminin ; à peine voyait-il cet individu.

Il connut également M. Triballet, dont la conduite l'inquiétait, étant partagé entre la reconnaissance qu'il lui devait pour l'avoir soigné et le souci de la mauvaise humeur que le médecin ne cherchait pas à cacher en sa présence. M. Triballet reprit, vis-à-vis du convalescent, l'aigreur qu'il avait dissimulée pendant sa crise. Il semblait jaloux des soins que Sophie avait pour lui, et il dit un jour au vieux savant :

— Je ne vous plains pas d'avoir été malade.

Sophie, qui d'habitude tenait compagnie au vieux professeur pendant le reste de la journée, formant avec lui des rêves d'avenir moins éprouvé, retourna le soir au magasin quand la convalescence de M. Delteil fut en bon train.

— Où donc est Caroline ? demanda-t-elle un jour.

— Elle est sortie, dit Berthe.

— Où va-t-elle ?

— Je ne sais.

Alors Sophie se rappela que plusieurs fois déjà, depuis la maladie de M. Delteil, elle avait remarqué l'absence de sa sœur.

— Est-ce qu'elle sort souvent ? demanda-t-elle.

— Tous les soirs à peu près.

— C'est singulier, pensa Sophie.

Elle ne fit pas d'autres questions ; mais le lendemain, étant restée plus tard que de coutume dans la chambre de M. Delteil, elle aperçut, à la lueur du réverbère, sa sœur qui se glissait sous la voûte de l'hôtel du Griffon. D'abord, elle pensa que Caroline allait promener ses rêveries au grand air ; mais un secret instinct fit que le jour suivant Sophie resta à table plus tard que de coutume, s'apercevant combien sa sœur paraissait gênée de sa présence. Chacun de ses mouvements marquait une impatience mal contenue ; elle se levait, passait de la salle à manger dans la boutique, et revenait inquiète.

— Caroline, dit Sophie, je te serais obligée d'aller demander à la blanchisseuse de fin les broderies que je lui ai données.

— Oui, ma sœur, dit Caroline, dont la figure prit immédiatement l'expression du contentement.

Caroline aussitôt mit son chapeau sans songer à se regarder dans la glace. L'aînée des marchandes de modes ne parut pas faire attention à cette précipitation ; elle laissa sortir sa sœur et alla dans la boutique tandis que Berthe était occupée à ranger la table.

Caroline avait à peine fait quelques pas dans la rue, qu'elle revint le long des maisons, en essayant de se perdre dans l'ombre ; elle prit, suivant son habitude, le chemin des remparts. Sophie, à qui ce manège n'avait pas échappé, ouvrit la porte sans bruit et suivit la même direction; mais deux minutes avaient suffi à Caroline pour distancer sa sœur, et Sophie ne put remarquer, à l'autre bout des remparts, qu'une ombre qui semblait attendre.

Elle revint à la maison, inquiète et soucieuse, se demandant quelle conduite elle devait tenir. Elle espérait encore que sa sœur lui ferait des confidences; mais Caroline gardait profondément son secret. Enfin une matinée qu'elles étaient seules dans le magasin :

— Tu me caches quelque chose, ma sœur ? dit Sophie.

— Non, je t'assure...

— On t'a rencontrée hier soir sur les remparts.

— Moi ? s'écria Caroline.

— Oui, causant avec un jeune homme.

Caroline baissait la tête.

— Il y a près d'un mois que tu te rends chaque soir à ces rendez-vous.

Caroline, blessée, se plaignit qu'on espionnât sa conduite.

— Non, ma sœur, le hasard seul m'a fait découvrir ton secret, dit l'aînée des demoiselles Carillon. Tu es libre de tes actions; mais j'attendais plus de confiance de ta part. Un jeune homme t'a remarquée, pourquoi ne pas le recevoir à la maison ? Je n'ai jamais songé à contrarier tes affections.

— Si je devais l'épouser immédiatement, dit Caroline, ses visites seraient naturelles ; mais... les parents d'Adolphe, reprit-elle avec hésitation, veulent lui voir une position assurée avant de consentir au mariage.

Sophie secouait la tête.

— Je veux que tu le connaisses, ma sœur, il est artiste... Si tu savais combien il souffre de l'humble position qu'il a été forcé d'accepter ! Cela se voit sur chacun de ses traits. Il est triste à mourir, et, sans moi, qui sait !

— Je le verrai, dit Sophie ; n'étant pas sous le charme, je te dirai sincèrement mon impression. Quand l'amèneras-tu ?

— Je voulais te faire une surprise, dit Caroline ; Adolphe doit chanter prochainement, dans un concert. J'avais décidé que nous irions ensemble, j'aurais connu ta pensée ; mais maintenant que tu sais tout, j'ai peur que la prévention ne s'en mêle... Aussi préféré-je que tu l'entendes chanter avant de t'entretenir avec lui. Sa mélancolie habituelle pourrait ne pas te prévenir en sa faveur : en plein théâtre, quand tout le monde l'applaudira, tu verras si je me suis trompée dans mon choix.

— Je ferai comme il te plaira, dit Sophie ; je veux que tu sois heureuse.

— Tu es bonne, ma sœur. Si tu savais combien je suis soulagée de t'avoir tout dit ; au moins, je peux parler de lui maintenant ! Je vivais intérieurement, cherchant à me rappeler son image. Il est brun, et a un air distingué, comme je ne l'ai vu à personne. Si tu l'avais rencontré dans les rues, tu l'aurais remarqué certainement. Et il est délicat ! Il a fallu un tel homme pour que j'aie pu l'écouter ; même il m'a suffi de le regarder, ma vie a été décidée.

— Comme tu l'aimes ! dit Sophie en soupirant.

— Oui, je l'aime, et il le mérite.

— Surtout, dit Sophie, cache ton secret à Berthe. Tu as bien fait de ne pas introduire ce jeune homme ici... Que Berthe ne sache rien ! Si elle échappe à ces terribles affections, elle n'en sera que plus heureuse.

VIII

Grande symphonie imitative. — Malheurs de Larmuzeaux

M. Tassin, qui ne rêvait que surprises pour les habitants de Laon, se leva un matin avec l'idée de mettre à exécution une grande promenade militaire avec parade extraordinaire. Ayant jeté les yeux sur une carte, il fixa la petite ville de Coucy-le-Château comme but de son expédition, et en informa les élèves par une proclamation qui les avertissait de se tenir prêts le jeudi suivant, à six heures du matin, en grande tenue. Des fourgons seraient préparés pour transporter ceux des plus jeunes qui ne pourraient supporter les fatigues de l'expédition. Un avis fut inséré dans le journal par les soins de M. Bineau qui annonçait qu'il rendrait compte de cette solennité.

Au jour fixé, le principal du collège ayant obtenu de la mairie la permission de faire battre le rappel, dès cinq heures du matin, par ses tambours, la moitié des paisibles habitants de Laon fut sur pied, pour assister au défilé. On ne rencontrait dans les rues que des bourgeois porteurs de gros paniers bourrés de pâtés, de jambons, de pigeons rôtis et de viandes froides, qui auraient pu nourrir une armée en campagne. Les mères des élèves s'étaient levées pour assister au départ de leurs fils. Les collégiens, enfouis sous leurs grands chapeaux à cornes, affectaient des airs décidés, et ne songeaient qu'au plaisir de voir un nouveau pays.

Pour mettre un terme aux émotions du départ, M. Tassin fit un signe à M. Ducrocq, et la fanfare éclata joyeusement dans les rues de Laon, pendant que les élèves marquaient fortement le pas sur les pavés, se donnant le plaisir de réveiller ceux des habitants qui étaient encore endormis. De longs chariots suivaient lentement, et le bruit de leurs roues pouvaient faire croire au départ d'un train d'artilllerie. On eût dit qu'un long voyage allait séparer les fils de leurs mères, qui, à regret, les quittaient, leur adressant mille exhortations, jusqu'à ce que le détachement fût arrivé aux portes de la ville.

Divers villages furent réveillés à l'improviste ; plus d'un paysan ouvrit ses fenêtres et montra une figure terrifiée, croyant à une nouvelle invasion des alliés. M. Tassin avait particulièrement recommandé à M. Ducrocq, à l'entrée de chaque bourgade, de faire jouer un certain pas redoublé, qui était accompagné par les tambours battant la charge ; cette marche produisit partout un effet considérable, sauf au village d'Anizy, où l'expédition arriva à huit heures du matin. Les paysans étaient rassemblés sur la grande place, craignant une révolution, lorsque par la porte du village, apparut le tambour-major Larmuzeaux, faisant voltiger sa canne et se livrant aux évolutions consacrées.

— Bonté du ciel ! s'écria une vieille paysanne, c'est le *fieu* de madame Larmuzeaux.

— Ma foi oui, dit une autre.

— Eh ! Larmuzeaux !

— Cousin Larmuzeaux !

Mais le tambour-major baissait la tête et eût souhaité en pareil moment de disparaître tout entier dans son énorme bonnet à poil. Né dans le village, il n'avait réfléchi aux suites de son accoutrement qu'en passant la grande porte. Les paysans continuaient à l'interpeller hautement pour s'en faire reconnaître, malgré tous les efforts de M. Tassin pour leur imposer silence.

— Sacré cousin Larmuzeaux ! s'écriait-on, est-il richement habillé !

— Il ne veut pas nous reconnaître, le cousin !

— Il faut aller prévenir la cousine.

Le malheureux tambour-major songeait à jeter dans une cave son bonnet à poil, ses épaulettes et son plumet, lorsqu'une fermière courut se jeter à son cou.

— Comment, c'est toi, Thomas ?

— Oui, maman, dit Larmuzeaux.

Comme le tambour major s'était arrêté, les tambours l'imitèrent, et le bataillon, oubliant toute discipline, rompit les rangs.

— Eh ! cadet, dit la paysanne, sais-tu que tu n'es pas beau comme ça ? Pourquoi donc que tu mets des panaches pareils ? Est-ce pour faire peur aux *mogneaux* ?

Larmuzeaux, qui avait obéi à un moment de fantaisie en commandant au tailleur du collège un équipement complet de tambour-major, n'avait pas jugé à propos d'en instruire sa mère.

— Tu ne me réponds pas ! Dieu, que tu as l'air bêta !

Les paysans, blessés de n'avoir pas été reconnus par le *cousin,* poussèrent de formidables éclats de rire.

— Madame ! s'écria M. Tassin espérant ramener la fermière aux convenances.

— Ah ! c'est vous le maître, dit la paysanne. C'est-y de votre invention ce costume-là ? Excusez ! Vous voulez donc que mon garçon arrache des dents à la foire ?

— Je vous en prie, madame... disait le principal.

— J'ai ai vu un pareil, au dernier marché de Reims, sur la grande place ; c'était son pendant... Veux-tu bien vite, Larmuzeaux, m'ôter cet harnachement ? Tu ne vois donc pas que tout le monde se moque de toi ?

Le pauvre tambour-major, ne pouvant supporter les reproches de sa mère et les rires de la foule, fondit en larmes.

— Je crois que je ferais mieux de te garder chez moi, ma parole, dit la paysanne. A-t-on jamais vu un masque pareil ! Allons, ôte-moi ce chapeau !

— Mettez votre bonnet de police, dit le principal à Larmuzeaux, qui tira de dessous son habit un bonnet à glands d'or servant de plastron.

— C'est égal, monsieur, puisque vous êtes le maître, dit la fermière en s'adressant à M. Tassin, je ne comprends pas que vous vous amusiez à faire broder de l'or sur toutes les coutures de Thomas.

— Ainsi l'a voulu monsieur votre fils, madame ; je ne force personne.

— C'est de toi, ces idées-là ? tu avais sans doute perdu la tête Larmuzeaux. Dieu ! si ton père vivait encore, il ne voudrait pas te reconnaître. Enfin, monsieur, dit-elle à M. Tassin, vous ne me ferez pas croire qu'un garçon ait à lui tout seul des idées pareilles ; si vous ne lui aviez pas donné cet habit-là, il ne l'aurait pas mis.

— Ma brave dame, M. Larmuzeaux a commandé cet habillement à son tailleur.

— Comment ! Thomas, c'est toi qui payes ces broderies et ces fanferluches ?

M. Tassin s'était retourné pour échapper aux regards furieux de la paysanne.

— Je t'en donnerai, moi, des passementeries d'or ! Je me tue de travail à faire marcher la ferme pour galonner un galopin comme un domestique ! Monsieur le maître, dit-elle au principal, soyez sûr que je ne solderai pas la note du tailleur ; je vous rends vos broderies, donnez-les à un autre, ça ne me regarde pas... Qu'on me torde le cou si je les paye !

— Madame, ce n'est pas le moment de discuter de pareilles matières.

— Monsieur le maître, je sais ce que je dis. Je ne suis pas si simple que d'habiller mon *fieu* en singe de foire pour le faire remarquer... Nous autres, gens de la campagne, nous voyons clair. Pourquoi Thomas n'est-il pas habillé comme les autres, quoiqu'ils aient l'air d'un tas de singes avec leurs chapeaux à cornes ?...

— Madame, quand vous avez placé votre fils sous ma direction, vous n'ignoriez pas que le règlement imposait un uniforme aux pensionnaires.

— Eh ! monsieur, y avait-il sur votre papier que mon garçon aurait des plumets, des panaches ?

— Madame, monsieur votre fils a commandé l'uniforme de son propre mouvement.

— Attends, Larmuzeaux, je vais te parler tout à l'heure... Pour commencer, tu n'iras pas plus loin, je te garde. Maintenant, vous pouvez continuer votre route, dit-elle au principal ; je vous rendrai Thomas ce soir, et si je n'avais point payé sa pension pour l'année, vous êtes bien certain qu'il ne quitterait plus la ferme.

— Comme il vous plaira, madame.

— Laisse-moi tous ces *arias*, dit la fermière en débarrassant son fils de la canne à pomme d'argent et du bonnet à poil ; que le maître en fasse ce qu'il voudra. En route, belle troupe ! dit-elle en tirant Larmuzeaux par la main du côté de la ferme.

— Messieurs, à vos rangs ! s'écria le principal d'un ton plein de colère qui ramena immédiatement la discipline.

Mais l'expédition se ressentit de cet échec. La

traversée du village d'Anizy ne fut pas saluée par les fanfares des collégiens. Le principal se vengeait en privant les paysans de musique ; il n'en fut pas moins soucieux pendant une lieue : le plus bel ornement manquait à la tête du collège. L'entrée à Coucy devait s'en ressentir. S'il eût osé, M. Tassin se serait coiffé du bonnet à poil de Larmuzeaux, et aurait décrit des arabesques martiales avec la grosse canne ; mais le principal sentait qu'il eût perdu de sa dignité ; cependant il reprit son assurance en entrant dans la ville de Coucy.

A une portée de la ville, on aperçoit une immense tour qui se détache isolée sur l'horizon ; c'est la tour du château des sires de Coucy.

Dodin profita de l'arrivée pour aller se cacher dans un coin des ruines ; il était pâle et pouvait à peine se tenir, car, pour tromper la longueur de la route, il avait mangé tout ce que contenait son panier et se sentait pris d'une indigestion formidable.

Les collégiens s'étaient dispersés de tous côtés, ne songeant guère aux sires de Coucy. Les uns poussaient des pierres déjà branlantes de la vieille tour et agrandissaient les brèches faites par le temps; les autres gravaient leur nom avec un couteau sur les murailles. Un petit groupe, sous la direction d'un maître d'études, était allé chercher des provisions dans la ville, et quand le tambour battit pour l'heure du repas, on eût pu croire à un camp dans une ville prise d'assaut.

Le fait le plus important de cette expédition fut l'article écrit par M. Bineau, passé à l'état d'archéologue flamboyant et extatique. Sa plume ne traçait plus des mots, mais des symboles; il évoquait les ombres des sires de Coucy et de Gabrielle de Vergy mangeant le cœur de son amant. D'un mélange de pensées bourgeoises, d'esprit de bureau et de frénésie archéologique résulta un de ces articles dont les avocats de province se rendent coupables au moins une fois dans leur vie.

« Honneur à notre principal! (telle était la conclusion de ce morceau d'éloquence) honneur à M. Tassin, qui initie de jeunes intelligences à la connaissance des hauts barons de la féodalité! Un tel enseignement combiné avec celui des langues mortes sème dans des esprits malléables des souvenirs précieux qui forment l'ornement de la mémoire, qui développent le jugement, qui s'adressent aux yeux, et qui font que, dans un âge mûr, l'homme aime à se reposer sur de tels souvenirs impérissables, disant plus certainement que des livres la force et la puissance de valeureux suzerains, hommes d'une autre époque, d'une autre trempe, fiers par l'épée, sensibles par le cœur, et dont on ne peut regarder les portraits à la bibliothèque de Laon sans se demander si notre race ne s'est pas amoindrie et si ces peintures ne sont pas fabuleuses. »

L'article avait quatre colonnes et pas plus de quatre phrases de style touffu qui obtinrent un vif succès dans le salon de madame de Marcillet la jeune, quoiqu'elle fût fort occupée alors du prochain concert dont on parlait dans la ville.

Un concert représentait pour madame Marcillet trois mois de diplomatie. Une députation du conseil municipal venait la prier de chanter au profit des pauvres; madame Marcillet se faisait prier, ne savait aucun morceau, se disait brisée par l'émotion que lui donnait le public : il n'y avait rien de nouveau à Paris, les opéras à la mode étaient détestables. Enfin, elle acceptait, faisait venir vingt fois le pianiste répéter chez elle; mais le jour du concert arrivé, madame Marcillet se disait indisposée et ne chantait pas. C'est ainsi qu'elle était parvenue à jouir de la réputation de « la plus belle voix du département. »

En ce moment, toutefois, madame Marcillet la jeune était vivement contrariée : on lui avait parlé d'un concert tel qu'aucune oreille laonnaise n'en entendit jamais de semblable. M. Ducrocq, le chef de musique du collège, était à la tête ; déjà on se disait à l'oreille les merveilleux éléments du programme, et madame Marcillet la jeune était oubliée !

La vérité est que M. Ducrocq, après avoir pris des informations positives sur le nombre des musiciens de la ville, leurs qualités et leurs habitudes, avait biffé irrévocablement les noms des amateurs incertains, ayant déjà suffisamment de besogne à faire marcher ensemble des musiciens ignorants, sans s'embarrasser des prétentieux. Avaient été rayés : un serpent de l'église Saint-Martin, qui prétendait que son emploi l'empêchait de paraître dans l'orchestre d'un théâtre ; un conseiller de préfecture, violoniste, qui ne voulait pas s'asseoir au pupitre à côté d'un maître de danse ; un basson, qui prétendait que sa poitrine demandait de grands ménagements, et qui ne crachait jamais la moindre note ; un cor qui, à l'aide de ses tons de rechange et de sa boite, faisait entrer une demi-douzaine de personnes dans les endroits où on l'invitait ; une flûte qui ne jouait dans les morceaux d'ensemble qu'à la condition d'exécuter deux ou trois airs variés.

Ces menaces de M. Ducrocq, répandues dans la ville, firent plus d'effet qu'un ukase de l'empereur de Russie. Si les uns, bien informés, parlaient d'une admirable symphonie sortie du cerveau du chef de musique du collège, les autres citaient avec douleur les noms des amateurs exclus. On répondait, pour la défense de M. Ducrocq, que disposant d'un nombre considérable de musiciens et employant comme choristes les élèves de l'école normale et les enfants de chœur, comme instruments la musique de la garde nationale, les débris de la société philharmonique et la fanfare du collège, le chef d'orchestre avait dû se passer des amateurs connus par leur mauvaise volonté.

Au milieu des mille bruits qui circulaient dans

la ville sur un si important concert, M. Ducrocq travaillait nuit et jour à recouvrir de mélodies le poëme dû à l'imagination de M. Tassin.

Après l'article enthousiaste du chef de bureau, le principal dit à son chef d'orchestre :

— Monsieur Ducrocq, ne pourrait-on consacrer par quelque musique le souvenir de cette belle promenade ?... Les ruines... un orage dans les ruines... les sires de Coucy ; il me semble qu'il y a là matière...

— C'est une symphonie, monsieur le principal, que vous me demandez là ; rien n'est plus difficile... Avant tout il me faudrait un parolier rompu à ce genre de travail.

— Un poëte, dit M. Tassin, j'ai votre affaire. Venez ce soir dîner avec moi, nous en causerons plus longuement.

Il y eut à la suite de ces ouvertures un repas pendant lequel le chef de musique fit connaissance avec le chef de bureau. M. Bineau entra avec enthousiasme dans les idées du principal ; grâce à M. Ducrocq, qui avait vu à Paris comment se bâtissaient ces sortes de livrets, le chef de bureau composa le poëme.

Il fut convenu que l'expédition militaire arriverait à Coucy pendant la fête du pays ; les cabarets étaient pleins de paysans buvants et criants; sur la place du village un marchand de chansons râclait aux paysans des alentours la complainte de Gabrielle de Vergy. Des danses se formaient entre les garçons et les filles; les enfants couraient le pays en jouant du mirliton et en soufflant dans des trompettes de bois. Tout à coup les buveurs se disputaient au cabaret, se jetaient des bouteilles à la tête; un orage éclatait dans la campagne et mettait en fuite les garçons et les filles.

Tel fut le plan imaginé par M. Tassin, M. Bineau et M. Ducrocq, de six à onze heures du soir. Après quoi, chacun se coucha la tête en feu, le chef d'orchestre rêvant à sa musique, le principal à l'éclat qu'allait répandre sur le collège un morceau si important, le chef de bureau aux vers admirables dont il convenait d'émailler le *libretto*.

A partir de ce moment, M. Bineau devint sujet à des distractions d'auteur ; il s'agissait de terminer à temps le poëme, même au prix de fréquentes insomnies. Madame Bineau, qui apportait une maigre confiance dans ce beau projet, se plaignit vivement de la brusquerie de son mari, de ses soubresauts dans le lit, de ses monologues, de ses déclamations rhythmées et des refrains qu'il adaptait pour plus de facilité aux vers qu'il composait. Homme rangé jusqu'alors, M. Bineau négligeait maintenant de brosser son chapeau avant de sortir ; il oublia même plusieurs fois son parapluie dehors. Il se disait perpétuellement fatigué, et se frappait le front, pour montrer quelle tension d'esprit demandait une telle composition. Les personnes qu'il visitait d'habitude et qui reçurent la confidence de ses soucis, crurent devoir avertir madame Bineau de veiller à ce que son mari s'écoutât un peu plus ; autrement il ruinerait sa santé.

Pour M. Ducrocq, quoique chargé d'un travail considérable, il ne paraissait pas changé dans ses allures, et recevait tranquillement les petits billets que lui faisait passer M. Bineau à toute heure du jour. Le chef de bureau ne pouvait faire deux vers sans les envoyer au musicien.

« Comment les trouvez-vous ? » lui écrivait-il.

Quelquefois, vers les six heures du matin, M. Bineau, les yeux ouverts depuis longtemps, attendait avec impatience le réveil de sa femme pour lui soumettre ses idées poétiques de la nuit.

— Tu m'ennuies, monsieur Bineau ! s'écriait la bourgeoise impatientée de cette manie de versification.

— Voilà bien les femmes ! disait le chef de bureau ; je vais courir chez M. Ducrocq.

— A cette heure, monsieur Bineau ?

— Certainement ; il attend le fruit de mes inspirations. Je lui livre tous les jours cinq ou six vers ; mais quelle peine ! Pourquoi me suis-je chargé de cette tâche ?

— Tu as raison, monsieur Bineau ; est-ce que cela te regarde ?

— Et le triomphe qui est au bout ! M. Tassin me le disait encore ces jours derniers : jamais une telle œuvre n'aura pris naissance dans les départements... Est-ce que tu ne seras pas fière de me voir, l'année prochaine, cité avec honneur dans l'Annuaire ?... Louis est-il parti ?

— Il n'est pas encore levé, dit madame Bineau.

— J'ai à lui parler, je veux savoir si les musiciens répètent déjà ma symphonie.

— Va l'éveiller si tu veux.

Le chef de bureau, en caleçon, monta l'escalier et entra dans la chambre de son fils, qui ronflait avec délices.

— Louis! cria le chef de bureau, lève-toi, paresseux!

Le petit Bineau ouvrit des yeux suppliants et les referma presque aussitôt.

— Répète-t-on la musique ?

— Quelle musique ? dit le petit Bineau, se pelotonnant et tournant le dos à son père.

— Comment ! quelle musique ! Je te parle de notre symphonie.

Le petit Bineau répondit par un ronflement. Le chef de bureau indigné secoua son fils dans le lit et releva les couvertures, afin que le froid saisit plus vite les sens assoupis du dormeur.

— Je me lève, papa, dit le petit Bineau étendant un bras.

— Ne manque pas de venir me parler avant de partir.

Là-dessus M. Bineau, ayant vu son fils sortir du lit, lui recommanda ne ne pas être long à sa toilette ; mais à peine le chef de bureau fut-il éloigné, que le petit Bineau se replongea avec délices dans son lit et ne tarda pas à ronfler.

Au bout d'un quart d'heure, on entendit la voix du père qui criait :

— Louis !

Le dormeur répondit :

— Oui, papa, tout de suite.

Et il se rendormit. Vingt minutes après :

— Je ne t'entends pas remuer, Louis, s'écria le chef de bureau.

Le petit Bineau allongea un bras hors du lit, prit ses souliers et les frappa avec acharnement sur le plancher ; après cette manœuvre, de nouveau il ferma les yeux.

— C'est singulier, dit le chef de bureau à sa femme, tout à l'heure Louis marchait, et il ne bouge plus maintenant. Serait-il parti ?

Madame Bineau, endormie, ne répondait pas.

— Ma femme ! s'écria le chef de bureau, tu dors ?

— Oui, dit-elle.

— Au moins, réponds-moi quand je te parle ; je n'entends plus Louis.

— Monte à sa chambre.

Le chef de bureau fut terrifié en constatant la ruse de son fils qui dormait d'un profond sommeil, tenant d'une main les souliers qui lui avaient servi à faire croire qu'il marchait.

— C'est ainsi que tu m'écoutes ! s'écria le père...

Attends, je vais jeter une carafe d'eau dans ton lit.

Le petit Bineau, terrifié, sauta d'un bond hors de sa couche, et se plaignit d'un mal de tête subit.

— Je t'en donnerai des maux de tête, dit le chef de bureau ; maintenant je ne te quitte plus que tu ne sois habillé.

Tout en grommelant, le petit Bineau déclara qu'on ne répétait pas encore la symphonie.

— Comment! s'écria le poëte irrité, on ne répète pas ! Et ce M. Ducrocq qui me presse ! A l'entendre je le mets en retard, et c'est lui qui le premier apporte des obstacles.

Cette journée M. Bineau la passa à maugréer contre le musicien; il envoya dix fois son garçon de bureau, qui revint troublé, n'osant répéter à son supérieur les jurons avec lesquels M. Ducrocq l'avait reçu. M. Bineau déclara qu'il irait lui-même et qu'il obtiendrait bien une réponse.

A la sortie de la Préfecture, le chef de bureau se dirigeait vers le collège, quand il rencontra M. Ducrocq, marchant majestueusement par les rues, une boîte à violon à la main, un paquet énorme de musique sous le bras.

— Mais, monsieur Bineau, vous êtes trop pressé...! Vous me ferez perdre la tête avec votre poëme. Est-il fini ?

— Je n'ai pu travailler aujourd'hui.

— Alors, monsieur, nous n'arriverons jamais.

— Je vous ai livré plus de cinquante vers déjà !

— Qu'est-ce que cinquante vers ? Il me faut le tout ; si je n'étudie pas le poëme d'un coup, je ne ferai rien de bon.

— Ah ! monsieur Ducrocq, les vers ne se font pas à la douzaine, croyez-le bien.

— Et la musique ! dit le chef d'orchestre. J'ai composé cette nuit le chœur des buveurs et des paysans, je m'en vais de ce pas le faire déchiffrer aux élèves de l'école normale.

— Alors, je ne vous quitte pas, monsieur Ducrocq ; je vais entendre mes vers... ils doivent produire beaucoup d'effet.

— Si j'avais eu l'orage avec la fuite des garçons et des filles, j'aurais déjà terminé, dit le musicien.

— Cette répétition va me donner du courage, reprit M. Bineau ; je vous demande deux jours. Est-ce trop pour un orage ?

— C'est convenu, monsieur Bineau, je compte sur l'orage après-demain.

Le poète et le musicien se rendirent à l'école normale, où les attendait le serpent de la cathédrale, qui initiait les futurs maîtres d'école à l'art du plain-chant. Le nombre des élèves qui savaient quelques notes de musique était restreint ; aussi la séance fut-elle pénible pour M. Bineau, qui attendait avec impatience l'audition de ses vers.

Pendant que M. Ducrocq faisait solfier chaque partie séparée du chœur, le directeur de l'école normale entra, et prit à part M. Bineau.

— J'ai appris, monsieur, dit-il, que vous étiez l'auteur des paroles que mes élèves doivent chanter, et je vous en fais mes sincères compliments ; mais je n'ose assumer sur ma tête l'autorisation de permettre à de futurs instituteurs de jouer le rôle de buveurs. Nos jeunes gens sont chargés de la mission de porter le flambeau de la civilisation dans nos campagnes. Je vous en fais juge, monsieur, est-il convenable de les supposer au cabaret, se disputant et cassant la vaisselle ?

M. Bineau, pour se disculper, dit que le sujet avait été approuvé par le principal du collège.

— L'enseignement du collège, dit le directeur, est le contraire de celui d'une école normale ; aussi ai-je dû envoyer votre livret à notre commission d'examen qui en décidera, et j'ai cru utile de vous en avertir, monsieur.

M. Bineau commençait à entrevoir mille difficultés : sa soirée fut employée à courir chez les divers membres de la commission d'examen, afin d'empêcher qu'une censure inintelligente ne rognât les ailes de sa poésie. Il rentra chez lui à neuf heures, et trouva sa femme dans un état extrême d'irritation ; jamais le chef de bureau n'avait manqué à l'heure du dîner ! Si l'idée d'une gloire considérable n'eût soutenu le courage de M. Bineau, il aurait renoncé à écrire le poëme de la symphonie ; et surtout, quand il se souvint qu'il avait promis pour le surlendemain le chœur de l'orage, le chef de bureau devint soucieux, car il lui fallait passer au moins deux nuits d'un travail acharné.

Madame Bineau en se couchant vit son mari la tête plongée dans les mains et frappant le plancher du pied, comme s'il avait dû en faire sortir des vers.

— Tu ne te couches pas ? lui dit-elle.

Le chef de bureau se promenait avec anxiété dans la chambre.

— Alors, monsieur Bineau, tu veux te rendre malade ? N'as-tu pas assez des travaux de la Préfecture sans passer tes nuits à rimailler ? Qu'est-ce que cela te rapportera, je te le demande ?

— Laissez-moi tranquille, madame ! s'écria M. Bineau, vous me faites perdre le fil de mes idées.

Madame Bineau alla se coucher, et elle dormait d'un profond sommeil, lorsqu'elle fut réveillée par un bruit singulier ; effrayée, elle reconnut son mari qui imitait la tempête.

— Qu'est-ce qui te prend ? s'écria-t-elle.

Mais le chef de bureau n'entendait pas, et continuait à faire le tonnerre. Puis il chantait : *Fuyons, fuyons, fuyons !* accompagnant ses paroles d'un sifflement sinistre. S'étant levé de table, les cheveux en désordre, il courut par la chambre en s'écriant un certain nombre de fois : *Fuyons !* lorsque, plein de terreur, il se sentit saisir par un fantôme.

— Tu ne me reconnais donc pas, monsieur Bineau ? dit sa femme qui se jeta au bas du lit pour arrêter son mari qu'elle supposait en proie à un accès de folie.

— Eh! madame, que faites-vous ici ? s'écria le chef de bureau.

— Puisque tous ces griffonnages te mettent la tête en feu, je ne veux plus en entendre parler. Tiens !

Et madame Bineau mit le feu aux feuilles écrites, étalées sur le bureau.

— Qu'avez-vous fait là, madame ? s'écria M. Bineau consterné.

— Tu vas venir te coucher tout de suite, monsieur Bineau ; je n'entends plus que tu recommences tes grimaces... Tu m'as fait trembler ! Et tu appelles cela de la poésie ! Tâche que je t'y reprenne encore ! Mon Dieu ! il a encore la figure renversée de s'être mis dans un tel état.

Comme elle avait saisi son mari par la main, celui-ci fut obligé de se mettre au lit.

— Dis-moi un peu ce qui te passait par la tête, monsieur Bineau ?

— Madame, vous ne pouvez rien comprendre à l'inspiration.

— Ah ! tu as besoin d'inspirations, maintenant? Je ne veux plus d'inspirations chez moi, je t'en préviens, monsieur l'inspiré; tu garderas tes inspirations pour le dehors... Crois-tu que si M. le préfet te voyait dans tes inspirations, il ne te renverrait pas ? Tu es beau, va, avec tes inspirations ! M. Bineau a des inspirations à son âge ! Un homme à inspirations ! si ça ne fait pas rire ! Parle au moins, dis quelque chose pour ta défense, promets que tu ne le feras plus. Ce n'est rien encore que tes inspirations te prennent à la maison ; mais si une pareille chose t'arrivait le jour, en plein midi, dans la rue, que veux-tu qu'on pense de toi ?... Que je suis malheureuse!... tu me feras mourir de chagrin.

Les larmes de l'épouse irritée produisirent plus d'effet que sa colère. M. Bineau, qui feignait de dormir pour ne pas répondre aux récriminations de sa femme, jugea à propos de se réveiller pour mettre un terme aux pleurs de madame Bineau ; après quoi les deux époux s'endormirent dans une parfaite félicité.

Le lendemain, une agréable nouvelle vint faire oublier au chef de bureau les tracas domestiques que lui causait sa poésie. La commission d'examen avait décidé que les élèves de l'école normale pouvaient chanter le chœur des buveurs sans que leur avenir fût compromis. M. Bineau ne manqua pas la répétition, dans laquelle on devait ajuster pour la première fois ses paroles à la mélodie; mais il fut tout à fait désenchanté ! Les chanteurs, accompagnés par six élèves serpents de l'école normale, ne faisaient entendre aucune parole.

— Je tiens beaucoup, dit le chef de bureau, à ce que soient prononcés distinctement les vers qui me donnent tant de mal.

— Monsieur Bineau, répondit M. Ducrocq, un livret sera vendu dans la salle, afin que chacun soit au courant de la situation.

Les répétitions se succédaient avec rapidité; mais le chef d'orchestre commençait à croire qu'il eût mieux valu pour lui commander une armée. Partout il rencontrait des mauvais vouloirs : le musicien payé par la ville pour diriger la musique de la garde nationale allait partout, semant des doutes sur la réussite de la symphonie. Madame Marcillet la jeune, dont l'opinion avait un grand poids, parlait du concert avec mépris, et refusait de placer des billets, disant que l'*horreur* musicale qui devait avoir lieu prochainement retomberait sur sa tête.

M. Ducrocq, conseillé par M. Tassin, qui ne voulait pas que cette solennité lui attirât des ennemis, courba la tête et fut obligé de prier la bourgeoise de chanter un morceau à son concert. Madame Marcillet la jeune se plaignit d'être prévenue bien tard, fit mille façons, enfin consentit à prêter son concours.

Le plus difficile n'était pas d'avoir vaincu ces divers amours-propres. Chaque répétition démontrait à M. Ducrocq quelle tâche difficile il avait entreprise : il n'y avait pas trois véritables instrumentistes dans ce groupe si nombreux d'exécutants qui devaient concourir au succès de la symphonie.

M. Ducrocq commença par se faire un allié de son rival, le professeur de musique de la ville, en lui donnant à conduire la première partie du concert. Il lui laissa même la composition du programme de cette première partie, pensant bien que les vieilleries musicales, dont ne sortaient jamais les amateurs, serviraient à rehausser sa composition.

Enfin, après un mois de travaux, M. Ducrocq avait mis sur pied la symphonie, qui ne comptait pas moins de quatre-vingts exécutants.

Une marche de tambours, suivie d'une fanfare, annonçait l'entrée d'un régiment dans la ville féodale. M. Jannois avait consenti à se charger du rôle d'un vieil aveugle chantant la complainte des sires de Coucy. Des buveurs, représentés par les élèves de l'école normale, criaient, se battaient et cassaient les vitres d un cabaret. La garde arrivait, tambour en tête, et ramenait l'ordre. Une gaie musique de valses et de quadrilles se faisait entendre, à la grande joie des garçons et des filles, lorsqu'un orage éclatait tout à coup dans la campagne; la grêle ravageait les moissons, les arbres étaient déracinés par le vent, le tonnerre roulait sourdement d'abord, devenait plus menaçant et tombait, laissant entendre encore les chansons des buveurs.

Il y eut de longues conférences entre M. Ducrocq et le machiniste pour placer les trois orchestres qui devaient concourir à l'exécution de la symphonie, et il fut décidé que la salle de spectacle serait convertie en salle de concert, par l'élévation du parterre à la hauteur de la scène.

Le jour de la représentation arriva enfin, pour

la plus grande joie de M. Bineau, que cette solennité devait sacrer poète. Depuis un mois il remplissait les journaux du pays d'annonces de ce merveilleux concert ; le bruit répandu à Soissons, à Saint-Quentin et dans les diverses villes des environs, avait amené une foule considérable.

Le petit Bineau, chéri de M. Ducrocq, jouait un rôle considérable dans l'entreprise : il dirigeait la fanfare du collège et avait sous ses ordres ses camarades, munis de mirlitons et de crécelles, pour rendre le véritable tableau d'une fête de village. Le grave et sérieux Larmuzeaux avait été désigné spécialement par Bineau comme propre à diriger avec prudence la grêle, le tonnerre, les éclairs, et toute la partie matérielle de l'orage. Sous ses ordres, Lagache et Canivet devaient à un certain moment lancer dans les coulisses, du haut des combles du théâtre, une manne remplie de verres et de bouteilles cassés, pour rendre au naturel la querelle des ivrognes.

Un orchestre spécial avait été monté pour les élèves de l'école normale, représentant les buveurs au cabaret. La fanfare, dirigée par Bineau, était placée dans le couloir des secondes galeries, afin qu'elle produisit l'effet d'un détachement arrivant au loin.

Aussitôt après la fanfare, Bineau et les musiciens du collège devaient enfiler un escalier de dégagement qui conduit aux combles du théâtre, et revenir par les coulisses prendre place au milieu du formidable orchestre d'instrumentistes et de choristes que, sur une estrade élevée, dirigeait M. Ducrocq.

Les loges se garnirent peu à peu. Les curieux remarquèrent avec étonnement les demoiselles Carillon, qu'on ne rencontrait jamais dans les spectacles ni dans les bals ; toutes les trois habillées de blanc, avec des fleurs naturelles dans les cheveux, excitèrent une certaine rumeur à leur entrée dans la loge. En face d'elles, madame Marcillet la jeune appelait l'attention par un turban d'une magnificence particulière. Madame Marcillet, qui devait chanter la fameuse romance : *Je veux t'aimer, mais sans amour*, s'était placée dans une loge afin de fixer la curiosité en fendant la foule pour se rendre au piano ; effectivement, elle produisit un effet marqué, car elle dérangea la majeure partie du public. Après diverses mines, madame Marcillet commença ; mais elle était à peine arrivée au vers :

Je veux t'aimer sans te le dire,

qu'on entendit un sourd craquement qui soudain arrêta la cantatrice.

Une vive panique se répandit dans le public. Le plancher n'était-il pas trop chargé ? Le machiniste, sortant de la coulisse, déclara que ce craquement se faisait entendre habituellement, quand le plancher était monté, et qu'il répondait de sa solidité.

Madame Marcillet avait feint de se trouver mal. Les dames s'empressaient autour d'elle, lui faisaient respirer des odeurs ; l'interruption dura plus d'une demi-heure, au milieu du trouble. A force de compliments et de flatteries, la cantatrice consentit à recommencer sa romance ; mais aussitôt eut-elle chanté :

Je veux t'aimer sans te l'écrire,

que le même craquement, plus sinistre encore, se renouvela, accompagné de cris de détresse.

Le pupitre des seconds violons venait de disparaître, comme par enchantement, entraînant deux musiciens, et les voisins de ces violons se penchaient avec anxiété vers l'abîme béant ! Les dames poussaient des cris de désespoir et cherchaient à fuir.

On vit reparaître alors, par l'escalier du dessous, les deux violons, plus pâles que la mort, qui ne croyaient plus revoir la clarté des quinquets ; le machiniste courait suivi des pompiers et s'écriait :

— Ils vont s'écraser dans la salle.

Les musiciens fuyaient dans les coulisses et ne posaient le pied qu'avec terreur sur un plancher incertain.

Alors, le commissaire apparut sur le théâtre avec son écharpe :

— Mesdames et Messieurs, dit-il, le danger va être réparé. Personne n'est blessé ; une trappe mobile s'est détachée tout à coup. M. l'architecte du département et M. l'architecte de la ville, descendus sous le théâtre pour découvrir la cause du mal, déclarent qu'un accident de cette nature ne se renouvellera plus. Des madriers sont posés actuellement en contre-forts sous le plancher, et dans un instant le concert pourra continuer.

La première partie du concert était à peu près terminée lors de cet accident. Le chef d'orchestre de la ville déclara qu'il s'en tenait là et qu'il abandonnait le reste de son programme. On le voyait rôder dans les coulisses avec quelques membres de la Société philharmonique, leur parlant à voix basse :

— Tout cela était calculé, disait-il, pour faire manquer notre effet. Ce Ducrocq est pour quelque chose dans l'affaire. Pourquoi le mal est-il arrivé à nos seconds violons ? Je me retire, ne voulant pas assister à un nouveau malheur.

Cet homme jaloux employa de si vils moyens contre son rival qu'il parvint à détacher de l'orchestre l'unique clarinette et le timbalier qui avaient à jouer une partie importante dans la symphonie.

Au moment de donner le signal de l'ouverture de la symphonie, M. Ducrocq s'aperçut avec surprise de la disparition des deux musiciens ; mais comme il était homme de ressources, il fit apporter les timbales sur son estrade, plaça sa petite clarinette devant lui, et commanda aux tambours de battre la marche qui annonçait l'arrivée d'un régiment dans les murs de Coucy.

Il était convenu que Bineau, placé dans le couloir des secondes galeries avec sa fanfare militaire, ferait signe au chef d'orchestre pour l'avertir qu'il était prêt, et qu'il commençât la marche militaire aussitôt que les tambours auraient battu.

M. Ducrocq levait les yeux vers les secondes galeries et n'apercevait pas Bineau.

Tout aguerri qu'il fût, le chef d'orchestre se troubla : pour un début de symphonie, ce symptôme était de mauvais augure.

Le public ne comprenait pas l'intérêt d'une si longue marche de tambours qui depuis cinq minutes battaient à abasourdir les oreilles et déjà provoquaient des murmures peu encourageants.

Se dressant sur son siège, M. Ducrocq cherchait Bineau qui n'apparaissait pas ; la sueur coulait du front du chef d'orchestre, qui entendait les aigres observations des auditeurs exaspérés par cette sempiternelle marche de tambours.

Aussi, après un quart d'heure de roulements prolongés, avec quelle satisfaction M. Ducrocq vit poindre le chapeau à cornes du petit Bineau, qui, avec une peine extrême, cherchait à trouer la masse compacte des spectateurs de la seconde galerie !

La fanfare commença et détruisit par son effet la mauvaise impression du début.

Aussitôt après, M. Jannois s'avança sur le bord de la scène, salua les spectateurs et chanta le premier couplet de la complainte du vieil aveugle. Caroline poussait sa sœur du coude, car, tout en chantant, Jannois envoyait un doux regard vers la loge des demoiselles Carillon.

Caroline ne perdait pas une note de la complainte; elle était sous le charme. Il lui semblait qu'elle entendait un ange; aussi tressaillit-elle à un bruit saccadé qui venait du fond du théâtre et ressemblait à des pois secs lancés contre des carreaux.

M. Ducrocq avait levé la tête vers les frises du théâtre : le bruit cessa.

Toute la salle alors applaudit M. Jannois, qui chantait d'une voix mélancolique les tristesses du sire de Coucy; mais le même bruit de pois secs se fit entendre de nouveau plus accentué et prit de telles proportions qu'il couvrait la voix du chanteur.

Le chef d'orchestre agitait sa petite clarinette en l'air et fronçait le sourcil, obligé tout à la fois de veiller à tout son monde d'instrumentistes et de remplacer le musicien absent, qui devait accompagner l'aveugle. Le singulier tapage provenant des combles faisait que M. Ducrocq mordait convulsivement l'anche de sa petite clarinette.

— C'est la grêle qu'on fait aller là-haut, dit le machiniste, spécialement attaché pour le concert au service du chef d'orchestre.

M. Ducrocq poussa un juron terrible qui n'était pas dans la partition.

— Allez voir, s'écria-t-il.

Le machiniste disparut derrière la toile de fond.

On entendit alors de vifs gémissements se mêler à la grêle.

Le public dressait l'oreille, cherchant à comprendre le sens d'une symphonie que le programme qualifiait d'imitative.

Le petit Bineau, en prenant le couloir de dégagement avec ses musiciens pour descendre à l'orchestre, avait trouvé Larmuzeaux assis auprès d'une grande boîte suspendue, qu'il suffisait de faire aller de haut en bas pour mettre en mouvement de petites pierres frappant contre le bois.

Telle était au repos la grêle que le garçon d'accessoires du théâtre de Laon employait habituellement dans les drames traversés par un orage ; mais Lagache et Canivet, s'étant pris de dispute avec Larmuzeaux, l'avaient colleté contre la boîte à grêle, et c'est ainsi qu'obéissant à une violente poussée, cette grêle subite avait troublé l'esprit des spectateurs.

Larmuzeaux, pour échapper aux taquineries de ses camarades, prit la fuite par une sorte de petite ruelle noire qu'il entrevoyait dans l'ombre ; malheureusement ce couloir n'était qu'une planche étroite servant de passage entre deux décors.

Poursuivi de près par Canivet, Larmuzeaux trébucha, s'accrocha à la planche et poussa des cris de désespoir en sentant ses jambes flotter dans le vide.

De quelle terreur le public fut saisi en voyant apparaître au-dessus de l'orchestre deux longues jambes qui n'étaient pas annoncées sur le programme !

La symphonie ne pouvait lutter avec ce drame plein d'angoisses.

De tous les côtés de la salle on entendait les cris :

— Tenez-vous bien !

Mais l'infortuné Larmuzeaux, se croyant perdu, poussait des cris à fendre l'âme !

Enfin un des élèves de l'école normale, qui conduisait le chœur des ivrognes sur une estrade élevée, parvint à s'emparer d'une des jambes de Larmuzeaux et attira sain et sauf le corps tout entier du tambour-major à la vue des spectateurs étonnés.

Quelques curieux, croyant que cette ascension faisait réellement partie du programme, cherchaient à saisir le sens de l'introduction de Larmuzeaux dans la symphonie ; mais M. Bineau dans un coin se rongeait les lèvres, péniblement affecté de voir couper sa poésie par un tel accident.

Ne pouvant tenir en place, les nerfs agacés, M. Bineau cherchait M. Tassin qui parcourait la salle, relevant le courage des assistants et disant à chacun que la symphonie allait continuer. Le principal du collège et le chef de bureau se rencontrèrent auprès de M. Ducrocq qui jurait comme une école de tambours.

— Ce sont ces deux polissons, dit le chef d'orchestre, que j'avais mis à la grêle et au tonnerre, qui ont fait tout le mal.

— Aussi pourquoi les charger d'une si importante fonction ? s'écria M. Bineau.

— Eh ! monsieur, je ne peux pas tout faire.

Le calme étant à peu près rétabli, M. Ducrocq fit signe à ses collégiens de souffler dans les instruments d'enfants. Le public était désormais plein de défiance ! Les mirlitons, les trompettes de ferblanc et les crécelles furent reçus avec des *chut* méprisants.

Des valses enivrantes devaient se dessiner dans le lointain et ne laisser entendre que par intervalles cette musique de village ; mais l'orchestre était découragé.

Les propos des jeunes filles dansant avec leurs amoureux n'eurent aucun succès, et les rustiques voix des élèves de l'école normale achevèrent la déroute de la symphonie, qui ne fut plus écoutée. Chacun se retirait fermant avec fracas la porte des loges, en matière de protestation contre une pareille harmonie.

Il ne resta dans la salle qu'une bande de collégiens, qui profitaient du désordre pour se répandre dans les coulisses, heureux de connaître les mystères de derrière le rideau.

Le principal, M. Tassin, fut obligé de rester dans le théâtre deux heures après le concert, tant il était difficile de mettre la main sur les collégiens, qui ne s'étaient jamais vus à pareille fête.

— Comment trouves-tu M. Jannois ? demanda Caroline à sa sœur, qui ne disait mot depuis son entrée au théâtre.

— Il est bien, dit Sophie d'une voix qui démentait ses paroles.

— Comme on l'a applaudi ! s'écriait Caroline. Et quel succès il eût obtenu s'il n'avait pas été mêlé dans cette bagarre.

— Prends le bras de Berthe, dit Sophie à sa sœur; ce pauvre M. Triballet qui nous suit a l'air d'une âme en peine.

Elle s'empara du bras du docteur.

— Monsieur Triballet, dit-elle, vous qui connaissez presque toute la ville, je vous prierai de me donner des renseignements sur le jeune homme qui a chanté aujourd'hui au concert.

— Cela sera facile, dit le docteur ; mais quelle nature de renseignements ?

— Sur sa position, sur sa vie privée.

— D'après ce que j'ai entendu rapporter par diverses personnes honorables, dit M. Triballet, ce M. Jannois est cousu de dettes.

— Vraiment !

— Il est joueur, et M. Marcillet ne l'a plus revu depuis qu'il a perdu avec lui une douzaine de cents francs ; mais demain j'en saurai davantage.

Comme M. Triballet allait quitter les marchandes de modes à l'entrée de leur rue, on entendit une voix de femme pleine de colère.

— C'est M. Bineau, dit Berthe, qui le reconnut à la lueur du réverbère.

— Je vous l'avais bien dit, monsieur, s'écriait madame Bineau, vous allez devenir la risée de la ville avec vos poésies. J'ai fait attention pendant le charivari à la figure de M. le préfet.

Croyez-vous qu'il était content ? Non, pas plus que les autres assistants qui auraient mieux fait de garder leur argent. Dire que des inventions pareilles sont sorties de votre tête... à votre âge ! On me le dirait que je ne le croirais pas si je ne l'avais pas vu. On fait donc payer pour entendre des mirlitons ? Voilà ce que tu fais apprendre à ton fils, à jouer du mirliton !

Elle secoua vivement le petit Bineau, qu'elle traînait par la main.

— Je t'en donnerai des mirlitons ! dit-elle.

Véritablement madame Bineau était très irritée.

— Et ces paysans de l'école normale qui s'en viennent beugler, pires qu'une étable ! Dis-moi un peu, que signifient leurs bouteilles cassées, leurs verres brisés ? Jamais on n'a vu se moquer ainsi du public. C'est une vraie dérision ; tout le monde haussait les épaules. Je ne savais comment me tenir : on me montrait au doigt, car personne n'ignore que M. Bineau, chef de bureau à la préfecture de Laon, est l'auteur de ce massacre. Si encore vous aviez travaillé en secret, péché caché est à moitié pardonné ; point, vous le disiez à tout le monde comme un événement.

Vous seriez monté sur le toit de notre maison pour le crier au son du tambour. Ah! ces tambours! nous ont-ils assez cassé les oreilles!

— C'est la faute de Louis, s'écria M. Bineau! qui aurait volontiers détourné l'orage sur la tête de son fils.

— Non, ce n'est pas moi, dit le petit Bineau.

— J'admets que Louis soit pour quelque chose dans ce charivari; toujours est-il que vous êtes le principal auteur, reprit madame Bineau. Que va dire M. le préfet? Je suis sûre que tu n'oseras pas te présenter dans ton bureau demain; tous les employés faisaient des gorges chaudes à ce concert; je les ai vus. Quelle contenance tiendras-tu vis-à-vis de tes inférieurs?

— Tout est de la faute de M. Tassin, s'écria M. Bineau perdant patience; il m'a forcé de travailler pour ses musiciens.

— Forcé, c'est bientôt dit; tu n'es donc pas un homme? De quel droit M. Tassin pouvait-il te forcer?

— De quel droit? je vais vous le dire, madame. Si Louis n'avait pas jeté le crocodile par la fenêtre!

— Louis, le crocodile ! s'écria madame Bineau. Votre tête s'égare, monsieur Bineau.

— Je dis ce que je sais.

— Ce n'est pas vrai, fit le petit Bineau.

— Ah ! tu donnes un démenti à ton père ! Eh bien, madame, apprenez qu'un enfant dans le principe avait été injustement accusé ; que c'est notre fils, avec un polisson de ses amis, qui ont détérioré le crocodile. Cette affaire pouvait aller loin, j'ai acheté le silence de M. Tassin en travaillant pour lui.

— Et tu ne me l'avais pas dit plus tôt ! s'écria madame Bineau. Tu peux te préparer à recevoir le fouet en rentrant, Louis.

IX

Le docteur amoureux. — Souffrances du professeur

Sophie Carillon ne fut pas sans remarquer dans la huitaine qui suivit le concert, combien la tristesse de Caroline avait redoublé; les deux sœurs étaient embarrassées quand leurs regards se rencontraient; elles évitaient de se trouver ensemble.

L'aînée des marchandes de modes n'osait communiquer ses impressions au sujet de M. Jannois; elle l'avait trouvé prétentieux et gémissait sur le choix malheureux de Caroline, sachant combien seraient inutiles ses conseils.

Une nuit, Sophie, dont le sommeil était sans cesse traversé par de sombres pressentiments, entendit un bruit singulier dans la chambre de sa sœur. Il lui semblait qu'on ouvrait des meubles ; les portes des armoires criaient sur leurs gonds.

La marchande de modes crut d'abord à un rêve : le bruit avait cessé ; mais l'esprit mis en éveil la nuit reprend difficilement son calme. Un poids sourd venait de retentir sur le parquet de la chambre voisine.

Émue, Sophie sortit de son lit et attendit pleine d'anxiété.

Retenant sa respiration, Sophie se dirigea vers le corridor.

Une porte vitrée laissait entrevoir de la lumière dans l'appartement de Caroline.

Par un des coins du rideau, la marchande de modes aperçut les armoires ouvertes, une malle, un sac de nuit au milieu de la chambre. Devant une table sa sœur écrivait en baignant son papier de larmes.

Il n'y avait pas à en douter, Caroline voulait fuir !

Sophie entra brusquement. Sa sœur poussa un cri.

— Ingrate ! s'écria la marchande de modes, tu veux nous quitter !

Et en sanglotant elle se jeta dans les bras de Caroline.

— Tu ne nous aimes donc plus ?

Honteuse d'avoir été surprise, Caroline baissait la tête comme devant un juge sévère.

Et pourtant le juge pleurait devant l'accusé !

Après un moment de silence troublé par les larmes :

— Pourquoi nous quitter ? s'écria Sophie.

La tête sur la poitrine, Caroline ne répondait pas.

— C'est mal ! dit la marchande de modes... Tu vois que tu ne sais que répondre...

Caroline ne détachait pas les yeux de la lettre qu'elle écrivait.

Sophie s'en empara.

— Non ! fit Caroline voulant empêcher sa sœur de la lire.

Un bras passé autour du cou de Caroline, Sophie lut :

« *Ma sœur, quand tu trouveras cette lettre, je serai loin d'ici... Pardonne-moi !* »

— Oui, mon enfant, tu es pardonnée, s'écriait la marchande de modes.

Elle continua :

« *J'ai senti que tu ne comprenais pas celui que j'aime, et j'en souffre, car il est ma vie tout entière... Je suis ingrate, n'est-ce pas !... J'aurais donné dix ans de ma vie pour t'embrasser !* »

Sophie s'arrêta pour couvrir sa sœur de baisers.

« *Quelle est la puissance qui nous force à faire une action contre notre gré !* écrivait Caroline, *J'ai bien lutté, espérant que j'aurais la force de résister, de me jeter dans tes bras... Je n'ai pu...* »

— Il te la faut, cette force... Tu l'auras... Que dira-t-je à Berthe ? que tu la quittes pour toujours ?... C'est impossible...

« *Au moment de fermer cette lettre,* » écrivait Caroline, « *je m'arrête, il est temps encore..* »

— Oui, s'écria Sophie, il est temps, et je remercie Dieu de m'avoir avertie !

— Il m'attend! dit Caroline en allant vers la fenêtre.

Sophie prit sa sœur à bras le corps.

— Tu ne peux nous quitter ainsi!

— Je l'ai juré, disait Caroline.

En ce moment la pendule sonna lentement cinq heures.

Sophie tomba aux genoux de sa sœur.

— C'est l'heure, dit-elle, à laquelle notre mère nous faisait ses derniers adieux.... Tu ne t'en souviens donc plus?

A son tour Caroline s'agenouilla.

La prière faisait descendre dans ce cœur troublé son influence pénétrante.

Les mains dans les mains de sa sœur, les lèvres sur ses lèvres :

— Rappelle-toi, dit Sophie, les trois dernières années qui précédèrent la mort de notre pauvre mère... Elle sentait sa fin et avait voulu que plus tard je pusse la remplacer près de vous. J'entrai dans une maison de commerce de Reims, et là je fus témoin d'un drame qui a influencé ma vie tout entière. Une de mes compagnes se laissa prendre aux attentions du fils de la maison. Ils s'aimaient tous deux comme quand on est jeune, et à tous deux l'avenir apparaissait souriant. Le jeune homme sans cesse protestait de son amour; la jeune fille était traitée en enfant de la maison par le père et la mère. Elle aurait dû trouver en elle assez de force pour résister, elle céda... Si tu savais, ma sœur, les suites de cette séduction !... Pendant que mon amie cachait sa faute aux yeux de tous, le jeune homme, oubliant ses promesses, ses serments, se mariait à une autre.

— Tous les hommes ne sont pas trompeurs, dit Caroline.

— Et si je te disais, reprit Sophie, le nom de la jeune fille qui n'a pas eu assez de larmes pour pleurer l'ingrat !

— Je la connais ? demanda Caroline avec anxiété.

Sophie fondait en larmes.

Caroline, émue, à son tour, n'osait la regarder.

— Comprends-tu ma honte et mon chagrin ? s'écria Sophie. Avoir un fils et ne pouvoir le reconnaître !... Le cacher même à mes sœurs !... Mon pauvre Charles-Marie sans père !

En ce moment un bruit de voiture se fit entendre sur les pavés que piétinaient les pieds des chevaux.

— Il part! Il m'attend ! s'écria Caroline. Quel sera son chagrin.

— Et moi ! aurais-je survécu à ton abandon ?

Jusqu'à l'ouverture du magasin, les deux sœurs restèrent ensemble, cherchant à oublier les événements de la nuit.

En descendant, Sophie rencontra dans le corridor M. Delteil, qui s'en allait gaiement au collège : car il était tout à fait remis, et apportait dans ses actions le bonheur d'un homme revenu à la vie.

La marchande de modes, sous le coup des vives émotions précédentes, ne prit pas garde au professeur, qui n'attendait qu'un mot pour donner cours à son rayonnement intérieur.

Déconcerté par ce qu'il croyait de l'indifférence, M. Delteil osa à peine saluer Sophie, se demanmandant avec tristesse si sa maladie avait jeté seulement quelque intérêt momentané sur sa personne.

Le vieux professeur était de ces êtres affectueux qu'un rien blesse et qui se renferment en dedans, craignant l'égoïsme des hommes. Souvent, en ouvrant les yeux après un rêve pénible, M. Delteil avait aperçu la douce figure de Sophie qui lui faisait oublier les mauvaises impressions produites par la maladie.

Alors il lui semblait que son bon ange était auprès de lui, et les sombres réalités de la vie fuyaient à tire d'aile pour faire place à de bleus horizons.

Depuis sa convalescence, l'existence ne paraissait plus la même à M. Delteil, qui se reprochait maintenant ses vêtements râpés et son isolement dans le monde.

Quoique âgé de cinquante ans, le professeur retrouva une jeunesse qu'il n'avait pas dépensée, et il sortit des griffes de la maladie avec la joie d'un homme qui, pour la première fois, met un bouquet de fleurs à sa boutonnière.

M. Delteil, de retour à la santé, faisait de courtes promenades, précédé de pensées légères qui sautillaient gaiement devant lui. Sa rencontre avec Sophie Carillon produisit l'effet d'un coup de vent sur ces riantes pensées qui, comme des feux follets, s'envolèrent, laissant M. Delteil dans son ancienne situation : habillé de noir à l'extérieur comme à l'intérieur, vivant isolé, ne connaissant dans la nature que le dictionnaire grec.

La cloche du collège, que bientôt entendit le professeur, lui rappela qu'il fallait recommencer une vie pénible. Dans la cour du collège, M. Tassin se promenait et parlait avec vivacité à un maître d'étude qu'il quitta pour venir droit à M. Delteil.

— Monsieur, lui dit-il, vous avez si mal dirigé vos élèves depuis le commencement de l'année, qu'ils sont devenus insupportables et corrompent les autres classes. Ils se sont conduits pendant votre absence, d'une façon telle que la faute en doit retomber sur votre tête. Les inspecteurs de l'Académie ne tarderont pas à arriver ; préparez-vous, monsieur, à recueillir les fruits de votre enseignement. Je vous préviens d'avance que je ne suis pas d'humeur à assumer sur ma tête l'ignorance et la mauvaise conduite de vos élèves ; je saurai montrer à MM. les inspecteurs la part que vous avez eue dans leur éducation. Pour moi, j'ai des élèves dont avec orgueil je peux me reconnaître le chef.

M. Delteil, la tête basse, n'osant répondre, se dirigea vers la classe, plus triste qu'un prisonnier qui entrevoit la porte d'un cachot ; cependant la vue de ses élèves fit plaisir au professeur. Quoiqu'il n'y eût point de sympathie entre eux et lui, M. Delteil était heureux de revoir les murs blancs de la classe, les bancs de bois, jusqu'aux pupitres couverts de noms taillés profondément avec le canif.

Combien le vieux professeur eût été attendri si les élèves étaient venus l'embrasser, montrant qu'ils se souvenaient !

Le seul souvenir que recueillit M. Delteil fut une immense caricature d'après lui, crayonnée au charbon, qui se profilait au-dessus de la chaire.

Larmuzeaux se livrait alors à l'éducation d'un hibou qu'il tenait enfermé dans son pupitre ; de vieux lopins de viande, des grenouilles qu'il rapportait de ses promenades, remplissaient la classe d'une odeur de ménagerie.

M. Delteil, en entrant dans la classe, se demanda d'où provenaient ces mauvaises senteurs. Le mystère ne lui en fut que trop cruellement révélé.

Lagache, toujours disposé à jouer quelque mauvais tour à Larmuzeaux, saisit un moment favorable pour lui enlever les clefs de son pupitre. Larmuzeaux, inquiet, crut avoir perdu ses clefs dans la cour et demanda la permission de sortir.

A peine était-il dehors, que Lagache tira le hibou du pupitre et le lança dans la direction de la chaire.

M. Delteil poussa un cri de terreur en voyant le hibou qui, les ailes hérissées, venait tomber sur ses papiers.

— Chassez cet oiseau ! s'écria-t-il d'une voix pleine d'émotion.

Les élèves, jouant la frayeur, profitèrent de l'incident pour quitter leurs places, se colleter, se jeter à terre et pousser des cris. Sous le prétexte de chasser le hibou, ils lançaient au plafond leurs livres, leurs cahiers, leurs dictionnaires.

M. Delteil répétait :

— Chassez cet oiseau ! sans être obéi.

Quand la réflexion lui vint au milieu de ce désordre, il commanda d'ouvrir la porte de la prison qui donnait dans la classe ; personne ne l'écoutant, il se décida à exécuter ses propres ordres.

Le hibou, effaré et pourchassé par les élèves, se réfugia dans cet endroit obscur, d'où le professeur essaya de le déloger ; alors Lagache et Bineau poussèrent la porte, et M. Delteil fut enfermé avec le hibou.

Larmuzeaux, qui revenait sans avoir trouvé ses clefs, trouva ses camarades se donnant la main, et étouffant, dans l'agitation d'une ronde frénétique, les gémissements du professeur. Inquiet de quelque machination, Larmuzeaux courut à son pupitre, leva le couvercle et s'aperçut de la disparition de l'oiseau.

— Mon hibou ? demanda-t-il.

On lui montra du doigt le cachot ; en un clin d'œil, subissant l'impulsion de tous les collégiens réunis, il fut poussé vers la porte et jeté en prison avec M. Delteil.

Une ardeur démoniaque avait gagné les élèves, enfiévrés comme des gamins construisant une barricade. Les uns s'acculaient contre la porte de la prison, craignant qu'elle ne cédât aux efforts désespérés de M. Delteil et de Larmuzeaux ; les autres s'emparaient des pupitres, traînaient les bancs, soulevaient les tables pour masquer l'ouverture du cachot. Tous criaient comme des sauvages en délire, se grisant de leur propre tumulte pour éteindre un dernier sentiment de discipline.

Par l'ouverture de la porte on voyait passer la main tremblante de M. Delteil, qui essayait encore de dominer l'insurrection ; mais la révolte était au comble. Voulant empêcher que la vue du vieux professeur ne rappelât les élèves au devoir, Canivet lançait par le judas du cachot tout ce qui lui tombait sous la main : papiers, livres, encriers.

En ce moment des coups secs et impératifs se firent entendre à la porte de la classe.

Aussitôt le plus profond silence régna ; Charles-Marie, qui était resté spectateur de cette scène, ouvrit.

M. Tassin entra.

D'un coup d'œil, il remarqua la chaire vide, les amas de bancs et de pupitres contre la porte de la prison, la mine inquiète des élèves baissant les yeux.

De sourds gémissements s'échappaient du cachot. Sans dire un mot, le principal alla à la prison, l'ouvrit après avoir débarrassé la porte des barricades, et M. Delteil sortit, aussi défait que Larmuzeaux qui avait reçu un encrier en pleine figure.

Le professeur raconta, non sans émotion, que les élèves avaient lâché méchamment un hibou dans la classe.

D'une voix terrible :

— Si quelqu'un bouge pendant mon absence, il aura affaire à moi, s'écria M. Tassin.

Pendant les cinq minutes qui suivirent sa sortie, les élèves se seraient volontiers prosternés aux pieds de M. Delteil. Le principal ayant mandé le portier, fit l'appel des élèves, les rangea sur une ligne et dit au premier de sortir. On entendit alors dans le couloir des cris violents, des pleurs et des supplications ; sans s'émouvoir, M. Tassin désigna une nouvelle victime. Quand huit élèves eurent ainsi passé par les mains du terrible portier, qui faisait les fonctions de bourreau, la vengeance du principal s'arrêta.

M. Delteil sortit de classe, plus ému de cette correction que des suites de la rébellion des élèves.

— Il n'est pas nécessaire de parler à mademoiselle Sophie de ce qui est arrivé aujourd'hui, dit-il à Charles-Marie.

Telle était sa recommandation quand se produisait quelque événement terrible en classe ; et Charles-Marie se taisait, semblant comprendre combien le vieux professeur était honteux des humiliations que lui faisaient supporter ses élèves.

Si M. Delteil n'eût pas promis à mademoiselle Carillon de veiller à l'éducation de Charles-Marie, il eût quitté depuis longtemps le collège, se sentant incapable de gouverner de tels élèves ; le professeur raisonnait sa faiblesse, se rendait compte des moyens à employer pour obtenir la tranquillité, et était incapable de mettre à exécution ses projets.

Quand il s'était bien sermonné au dedans, M. Delteil s'envolait dans les nuages d'un avenir idéal, où il entrevoyait, plus beau qu'un joyau des *Mille et une Nuits,* son Dictionnaire édité par Messieurs Didot, discuté dans le *Journal des Savants,* et lui ouvrant peut-être les portes de l'Institut. Qu'était-ce en comparaison que des révoltes de collégiens turbulents ?

En rentrant chez lui, M. Delteil aperçut M. Triballet dans la boutique des marchandes de modes. Chose rare, le médecin était pâle, et semblait livré à une émotion extraordinaire ;

Sophie Carillon lui annonçait en ce moment qu'elle avait l'intention de vendre sa maison de commerce pour quitter la ville.

M. Triballet, inquiet, avait saisi une paire de ciseaux et se rognait les cheveux, suivant son habitude ; mais l'annonce du départ le troubla tellement qu'il se prit l'oreille avec les ciseaux et poussa un cri. Honteux de son émotion, M. Triballet demanda à Sophie ce qui la forçait à prendre une si subite résolution.

Elle allégua sa médiocre clientèle qui, malgré son travail incessant, ne lui permettait pas d'assurer une position à Berthe : son désir était de la marier.

M. Triballet secouait la tête, discutait les raisons de mademoiselle Carillon et cherchait à lui prouver qu'un peu d'argent suffirait pour relever la maison de modes. Il connaissait, disait-il, quelqu'un qui se ferait un plaisir d'offrir un placement sans gros intérêt à des personnes qui méritaient toute considération.

— Vous êtes un homme de bon conseil, un ami, M. Triballet, dit Sophie Carillon, plus que personne vous vous intéressez à nous, et je m'en voudrais de vous cacher notre triste situation.

Lisez, vous me direz si j'ai raison de quitter Laon.

En même temps, elle lui tendit la lettre de sa sœur.

Combien d'exclamations poussa le docteur en déchiffrant certains mots dont l'encre se perdait dans des contours effacés qui accusaient des traces de larmes !

Quand M. Triballet eut terminé cette lecture, il n'osa plus relever la tête ; le docteur sentait que Sophie pleurait !

Des paroles banales de consolation font plus de mal que le silence. M. Triballet relut la dernière page de la lettre, cherchant dans son cœur le moyen de raffermir le courage abattu de la marchande de modes. Il ne trouva qu'un serrement de main à lui donner ; mais ses yeux étaient tellement remplis d'une vive compassion, que Sophie lui sut gré de n'avoir pas parlé.

Après quelques moments de silence, mademoiselle Carillon ajouta que toute la ville ne tarderait pas à connaître la résolution de sa sœur, qu'il ne lui serait pas possible de vivre entourée de la malignité publique, que déjà elle et ses sœurs en avaient été atteintes cruellement;

il ne lui restait que le parti de vendre sa maison.

Sophie espérait que le docteur voudrait bien s'en charger, aussitôt qu'elle aurait mis ordre à ses affaires.

L'émotion de M. Triballet était extrême ; il aurait voulu pouvoir parler, semblait prêt à faire une confidence, s'écriait : « Ma chère demoiselle ! » s'arrêtait, se levait comme pour secouer les paroles qui dormaient en lui, et se rasseyait sans rien dire.

Enfin, embarrassé de sa contenance, il sortit en prévenant mademoiselle Carillon qu'il reviendrait dans la soirée ; mais il le dit de telle sorte, que sous ses paroles perçait un mystère.

M. Triballet erra toute la journée par les rues, sur les promenades, épiant les figures des bourgeois désœuvrés.

— Qu'y a-t-il de nouveau ? demandait-il à ceux qu'il rencontrait.

Il frémissait d'entendre parler du prochain départ de Caroline ; mais le docteur ne recueillit que des propos sur le vent, les récoltes, la vigne, les gelées blanches.

La nouvelle ne circulait pas encore ; pourtant

personne n'ignorait dans Laon les relations amicales du docteur avec les marchandes de modes.

M. Triballet se reprit à espérer.

Vers le soir, se présenta chez mademoiselle Carillon M. Pelletier, le principal notaire de Laon, qui lui demanda quelques instants d'attention.

— Mademoiselle, dit-il, je suis envoyé par M. Triballet, qui m'a chargé d'une mission fort délicate. Veuillez donc, je vous prie, me prêter votre attention, et dites-vous que ce n'est pas un notaire qui entre chez vous, mais un ami de notre bon docteur. Votre maison de commerce est à vendre, mademoiselle ; le docteur a décidé une personne de sa connaissance à vous l'acheter dix mille francs.

— Oh !... monsieur ! s'écria la marchande de modes, c'est un service que je ne saurais accepter. Ma maison ne vaut pas cette somme ; elle a été payée jadis quatre mille francs par ma mère, et depuis cette époque bien des réparations sont nécessaires.

— Pardonnez-moi, mademoiselle, la porte de Vaux sera reconstruite, la montagne aplanie prochainement. Alors les voitures de roulage, les diligences passeront devant votre magasin et donneront à la rue un mouvement nouveau et une certaine activité commerciale. Le conseil municipal a voté les fonds nécessaires pour la construction d'un hôtel de ville ; la ruelle qui est derrière votre maison sera convertie en une rue accessible aux passants. Votre maison est ancienne ; elle n'en doublera pas moins de valeur : vous avez le droit d'y faire des réparations au dedans et au dehors, car elle est sur l'alignement... Vous voyez donc que dix mille francs ne sont pas une somme exagérée, et que M. Triballet ne fait pas un mauvais marché.

— Vous me disiez tout à l'heure, monsieur, que cet achat était proposé par un ami du docteur.

— Je n'y mettrai pas plus longtemps de mystère, mademoiselle, dit le notaire en étudiant la reconnaissance qui perçait sur chacun des traits de Sophie Carillon. Et pourquoi ne pas aborder la question franchement ? Mon ami le docteur, ayant vécu assez longtemps près de vous pour reconnaître vos belles qualités, m'a chargé de vous demander en mariage...

— Moi ! s'écria Sophie.

— Oui, mademoiselle, M. Triballet serait au comble du bonheur si vous daigniez accepter sa main.

— C'est impossible, monsieur, dit Sophie tristement.

— Je vous en prie, mademoiselle, réfléchissez ; ne savez-vous pas combien vous serez heureuse avec un homme qui vous estime et vous aime depuis le premier jour où il vous a vue ? M. Triballet s'est tenu longtemps dans le silence, craignant d'être refusé. Il m'attend dans une agitation extrême. Ah ! si vous l'aviez entendu ! Il ne vit plus. Le docteur est riche, bon, dévoué ; ne le refusez pas, mademoiselle. A son âge, un amour repoussé est dangereux ; il s'est préparé un avenir de bonheur en comptant sur vous. Qu'avez-vous à reprocher au docteur ? Il n'est plus jeune...

Sophie fit un geste qui montrait que l'âge du docteur n'entrait pour rien dans son refus.

— M. Triballet, reprit le notaire, vous reconnaît en mariage un apport de cinquante mille francs. Si vous désirez quitter la ville, il vous suivra où vous voudrez ; enfin, madame, permettez-moi de vous donner ce titre, je ne crois pas que vous puissiez trouver un motif convenable de refus.

— Que je suis malheureuse ! s'écria Sophie. Dites au bon docteur combien j'aurais été fière de m'unir à lui ; dites-lui combien je suis reconnaissante de tout ce qu'il veut faire pour moi ; mais des raisons que je ne peux confier m'empêchent de répondre à ses désirs.

— Comment retournerai-je vers monsieur Triballet? dit le notaire. J'ai applaudi à ses projets, je l'ai encouragé dans ses idées d'union avec une personne estimable ; je venais chez vous, mademoiselle, avec confiance, et il faut maintenant que d'un mot je détruise les rêves du docteur... Pourquoi me suis-je chargé de cette mission ! pourquoi n'est-il pas venu?

— Oui, dit Sophie, pourquoi n'est-il pas venu?

— Par pitié pour le docteur, mademoiselle, ne me forcez pas de lui porter un refus si dur... Laissez-le venir vous rendre visite quelque temps encore ; ainsi vous préparerez un galant homme à l'idée de l'impossibilité de ce mariage.

— Je voudrais, s'écria Sophie, épargner le moindre chagrin à M. Triballet... Voyez, monsieur, je pleure, je ne peux m'en empêcher... Le docteur a toujours été pour moi comme un père, et je ne peux lui rendre son affection !

— Vous êtes libre pourtant? dit le notaire.

— Libre, oui ! Et pourtant je ne peux me marier.

— Que dire au docteur ? demanda le notaire. Dois-je l'engager à venir ?

— Oui, monsieur.

— Mais il croira que j'ai réussi dans ma mission.

— Oh ! monsieur, ne lui donnez pas de fausses espérances ; dites au docteur qu'à lui seul je veux répondre.

Quand plus tard M. Triballet se présenta chez la marchande de modes, elle fut étonnée du changement que les émotions de la journée avaient apporté sur sa physionomie ; le docteur entra presque à reculons, inquiet de la réponse du notaire.

Sophie, dans un fauteuil, passait ses mains dans les boucles blondes de Charles-Marie, assis à ses pieds.

Un silence profond régna d'abord, pendant lequel M. Triballet inquiet croisait et décroisait ses jambes.

— Il apprend sa leçon ? dit le docteur en montrant Charles-Marie qui lisait.

— Oui, docteur.

— Il fait bien de travailler, dit M. Triballet.

Comme le médecin était près de l'enfant, il l'embrassa.

— L'aimez-vous un peu ? demanda Sophie.

— Beaucoup, mademoiselle.

La conversation resta suspendue pendant quelques minutes.

Chaque seconde qui s'écoulait augmentait l'embarras de Sophie et du docteur ; aucun d'eux n'osait aborder le grave sujet qui agitait leur esprit.

Par un effort suprême, la marchande de modes rompit le silence, qui donnait au battant de la pendule la proportion d'un grand bruit

— J'ai vu M. Pelletier, dit-elle.

— Ah ! fit le docteur.

— Il m'a fait part de vos intentions, docteur ; vous dire combien je suis reconnaissante m'est impossible...

M. Triballet était haletant d'émotion. Sophie continua :

— Jamais je n'oublierai vos offres délicates,

monsieur Triballet ; mais la situation dans laquelle je me trouve aujourd'hui ne me permet pas d'accepter une proposition honorable qui jadis eût sans doute fait mon bonheur.

Les yeux du médecin faisaient peine à voir, tant ils étaient pleins de larmes et de supplications.

— Et plus tard, dit M. Triballet, me permettez-vous d'espérer ?

— Si l'avenir de ma pauvre Caroline était assuré, si je n'avais pas à m'inquiéter de son établissement et de celui de Berthe, de l'éducation de Charles-Marie que j'aime...

— J'attendrai, mademoiselle, dit M. Triballet. Quel soulagement vous me donnez ! Fixez six mois, un an... Qu'importe, ce sera un an de pensées heureuses et songeant à vous.

— Je ne peux m'engager, docteur, vous le savez. En ce moment, le bonheur de Caroline est mon seul but ?

M. Triballet poussa un soupir.

— Ce ne sont pas là des promesses, dit-il.

— Docteur, quelles joies peut apporter dans votre intérieur une femme toujours souffrante, triste ?

— Vous ne dites pas vos qualités, mademoiselle ; vous vous peignez sous des traits défavorables pour me refuser. Je vous connais, jamais je n'ai entendu sortir une parole amère de votre bouche ; bienveillante pour vos amis, un mot de vous les rend meilleurs... Je vis depuis longtemps, depuis trop longtemps peut-être, car à mon âge il est fou d'aimer une personne qui se soucie peu d'une vieille tête grise : jamais je n'ai rencontré une femme aussi modeste et aussi bonne que vous, mademoiselle.

Alors Sophie s'aperçut qu'elle avait donné un mauvais tour à la conversation et qu'il lui serait difficile de briser les projets du médecin. Il fallait gagner du temps et laisser entrevoir à M. Triballet une espérance lointaine.

— Vous devez comprendre, docteur, combien me préoccupe le sort de ma sœur. Si elle avait rencontré un homme dévoué ! Mais qui sait où la poussera son chagrin ?

— Je n'ai pas vu, dit le docteur, tant de raisons de craindre dans la lettre de votre sœur.

— Ma sœur aime pour la première fois, dit Sophie ; n'avez-vous pas remarqué dans chacune de ses lignes une sorte de doute qui traverse ses pensées ? Je n'étais pas ainsi...

— Vous ! s'écria M. Triballet.

— Oui, docteur, j'ai aimé malheureusement dans ma jeunesse.

Elle parlait à voix basse pendant que Charles-Marie s'était échappé dans la boutique pour lire à la lueur d'une lampe.

Peu à peu la confidence de sa faute s'échappa tout entière.

Etreignant tout à coup dans ses bras Charles-Marie, qu'elle embrassait pour cacher ses larmes.

— Comprenez-vous, dit Sophie à M. Triballet, pourquoi je ne puis accepter l'honneur d'être votre compagne ?

— L'homme ! Quel est le misérable ? demanda brusquement le docteur, dont les paroles restaient dans la gorge.

— Il est marié et ne sait pas que j'existe, dit Sophie.

— Mademoiselle, dit M. Triballet à Sophie, voulez-vous que je serve de père à Charles-Marie.

Sophie prit la main du docteur qui, ne pouvant résister à une émotion si violente, s'échappa pour rafraîchir à l'air sa tête brûlante et empourprée.

A quelques jours de là, M. Delteil reçut une lettre scellée du cachet de l'Université ; Sophie porta aussitôt au professeur le précieux paquet. Tristement appuyé sur sa table, devant ses papiers, regardant avec amertume les épreuves du dictionnaire, tel était M. Delteil depuis qu'il avait rencontré Sophie le lendemain du départ de sa sœur.

Le professeur attribuait à la froideur la manière dont la marchande de modes avait passé près de lui sans lui parler.

Les natures souffrantes deviennent sensibles à l'excès; cependant, à la façon dont Sophie entrait, M. Delteil fut heureux comme si un rayon de soleil l'eût caressé.

— Une bonne nouvelle, sans doute, s'écria Sophie en lui présentant la lettre ; votre nomination !

— Mademoiselle, dit M. Delteil en prenant la lettre, je vous prie, restez un moment.

— Vite, dit Sophie, lisez, je veux être la première à apprendre...

M. Delteil ayant décacheté le pli, lut et d'une voix brisée, s'écria :

— Destitué !...

— Destitué ? reprit Sophie, est-ce possible !

D'un coup d'œil elle parcourut la lettre du recteur, qui annonçait la mise à la retraite, aux vacances prochaines, de M. Delteil, régent de septième.

— Ça été mon seul moment d'ambition, mademoiselle Sophie, de demander la chaire de sixième ; on m'en punit. J'ai eu tort, on ne pensait pas à moi, j'étais oublié... Allons, dit-il, avec une gaieté forcée, il faut prendre son parti... On peut encore vivre heureux avec une petite retraite...

Mais l'accent du vieux professeur démentait ses paroles, et Sophie n'en fut pas la dupe.

— Quel malheur ! s'écriait-elle, et c'est moi qui en suis la cause !...

— Ces messieurs ont eu raison, fit le vieillard ; je ne suis plus bon pour l'enseignement et je ne l'ai jamais été... Le dictionnaire a dévoré ma vie... Et dire que je ne pourrai peut-être pas le terminer !

Les souffrances de M. Delteil n'étaient pas terminées.

Bientôt la maison de la marchande de modes prit un nouvel aspect.

M. Triballet ne la quittait plus ; et un jour Sophie annonça au professeur son mariage avec le docteur et son prochain départ de Laon.

M. Delteil, le cœur serré, monta à sa chambre sans dire un mot : il perdait à jamais la seule personne qui lui eût témoigné de l'amitié !

Pendant deux jours, le vieux professeur resta anéanti, ne voulant plus sortir, ne dormant pas, ne mangeant pas, oubliant la nuit et le jour ; il avait fait un tas de ses manuscrits, de ses épreuves, sa vie entière, et voulait les détruire.

Détruire les travaux d'une vie entière, c'était se suicider.

Il faut aux hommes de science, quelque pénible que soit leur existence, un idéal, fût-il insaisissable comme un mirage.

Contre cet idéal viennent s'émousser les amertumes de l'existence. Et M. Delteil voulait briser de si réconfortantes aspirations !

Encore une fois il regardait, comme une mère regarde son enfant, ces papiers jaunis que le temps semblait avoir rendus plus précieux encore, lorsque le professeur entendit la voix de Sophie, inquiète de ne le voir pas reparaître.

Cette voix douce qu'il avait oubliée le rappela à la vie !

Sophie entra suivie du docteur, tenant Charles-Marie par la main.

— Mon bon monsieur Delteil, lui dit-elle, mes sœurs et moi quittons Laon dans huit jours avec mon mari. Si vous consentez à ce que mon bonheur soit complet, promettez-moi de m'accorder la faveur que je vous demanderai ?

M. Delteil pouvait-il refuser un service à celle qui le rappelait à la vie ?

— Voulez-vous vivre en famille avec nous, et vous charger de l'éducation de Charles-Marie ?

Neuilly, printemps de 1852.

TABLE

		Pages.
I.	Vue de Laon d'après nature. — Réformes singulières apportées par la révolution de Juillet dans l'Université. — L'oreille du petit Bineau plonge un établissement dans la détresse.	1
II.	Essai sur l'alimentation la plus favorable à la santé des vers à soie. — Les séminaires et les collèges sont-ils véritablement utiles à la fabrication de la soie et ne causent-ils pas de dommages aux manufactures spéciales ?	23
III.	Le cuisinier Dodin. — Ses inventions. — Tantoniens et Tassinistes. — Le commerce toujours voleur. — L'Université ne devrait-elle pas fonder un prix pour l'élevage des vers à soie ?	49
IV.	Arrivée du professeur Delteil. — Influence terrible d'un jeu de mots. — Dodin continue sa cuisine . .	73
V.	Histoire singulière d'un crocodile. — M. Bineau père en devient journaliste.	117
VI.	Ce qu'on fait dans les classes d'hiver. — M. Delteil ose soutenir que l'Université pourrait faire quelques réformes. — Ce qu'il en résulte.	171
VII.	Un baryton de province. — Le dictionnaire de M. Delteil. — Caroline	199
VIII.	Grande symphonie imitative. — Malheurs de Larmuseaux.	225
IX.	Le docteur amoureux. — Souffrances du professeur.	271

FIN DE LA TABLE

Original en couleur
NF Z 43-120-8

www.ingramcontent.com/pod-product-compliance
Lightning Source LLC
Chambersburg PA
CBHW071527160426
43196CB00010B/1687